山洞四律

王潇 著

浙江文艺出版社
Zhejiang Literature & Art Publishing House

打开这本书，

也许是个偶然。

但这是一个信号，

提示着你的人生，

来到了一个新的阶段。

前言

千金难买我乐意，但我又要千金，又要乐意。

这本书，想用最简单的文字，把让生活顺遂的办法说明白。

人要想过得顺遂，一是常常对自己满意，二是常常把事办成，但能做到其中一项已不容易，两项同时做到难度就更大。前面很多年，人们都急于研究把事做成的学问，不靠谱的有成功学，成体系的有商学院。最近几年，大家又发现成功也不能让人对自己满意，不成功问题就更多。当人们又集中研究了积极心理学之后，得出一个结论：无论事能不能办成，人都可以对自己满意，毕竟采取行动的最终目的是让自己感觉良好，而不是反过来。

这个结论有道理，但是应用到生活中还是很难让人直接买账，毕竟所谓生活顺遂，当然就得既要又要：既要自我感觉良好，又要目标纷纷实现。但这两项似乎互为因果，态度和能力，一直有着蛋和鸡的关系，类似于“到底是有了信念才能打胜仗，还是打了胜仗才有了信念”，真正操作起来几乎是所有人的难题。从这个角度出发去书店找答案，会发现关于方法论的书果然可以自动分成两类：一类教人如何感觉良好，对当下满意；一类教人如何把事办成，在未来打胜仗。

这两类书早已汗牛充栋，《山洞四律》就是在这个背景下诞生——在无数阅读和实践基础上，无论是成功学框架还是积极心理学路径，孜孜不倦一路走来，层层浸淫洗礼，各种结构眼花缭乱，新名词还在不断诞生，说受够了肯定是过于傲慢，但平心而论，框架太多，可生活只有一套，即使各有各的好用之处，也已经套用不过来了。

简单说就是：大家接触的宗派太多，把知识学杂了。

我这里也算是个小微东方宗派，人称“趁早”，也有一些沿袭多年的基础招式，讲求白话传播，趁早行动，方便上手，好懂好用。这三十年间的阅读实践过程对于我，等于把各个宗派的智慧都拿来试炼，这些绝学是滔滔流水，我就是虚心体味的筛子。等都流经一遍之后，发现繁华落尽，大道至简，有四个招式几乎存在于所有宗派中，持续重复出现。它们虽然被冠以不同的名称，但本质上都是同样的动作，带来同样的体验，达成同样的目的。这样高度的相似性，说明这四个招式是智慧相通的定见，不是巧合。

《山洞四律》讲的就是这四个招式，或者说，要过上既要又要的生活，各门派高手都会一以贯之地去重复的四种戒律。这本书要揭示它们分别是什么，以及为了到达下一个既有千金又能乐意的顺遂阶段，我们需要具体怎么习得。

当然，完全顺遂的一生是不存在的，甚至一天中保持情绪完全正向都不可能。作为人，哪怕在最好的一天里，我还是会烦恼一下，感伤一下，破碎一下，然后盼望自己还能正向一下。最终这正向一下的盼望带来的生活平静感，给人继续生活的勇气。于是明天早上起来，我又决定当一个好好生活的人。

我如今能写下这些，要归功于此前漫长的习得过程。为了对付我自己无法开始和无法完成的痛苦，我试验了市面上可以挖掘到的所有框架。因为无法开始和无法完成，又需要对付无法拥有和无法抵达的痛苦，我又去尝试获得各种安慰。这条寻找灵丹妙药的自救之路，是为了远离拖延和自卑而启程的，如果你有拖延和自卑问题，这本书一定可以给你答案和应对措施。但随着阅读的深入，你会发现远不止于此，山洞四律终将把你带入无内耗高手的日常，这是踏入正向生活的基石。

我计划用简单朴素的三部分来完成这本书，力求少用拗口的名词，也力求篇幅短小精悍。在智能手机时代用文字书写，就需要聚焦于好理解和好执行，珍惜时间，少说废话。既然已来到繁华落尽的阶段，就剔除冗余，摘掉装饰，无须为显得厉害去营造新概念。

第一部分和第二部分，我会先从拖延症进入，讲述有关山洞四律的基本要素，这两部分其实是解释性内容，是第三部分行动的动员和心理铺垫。

第三部分是核心，由我写好的导读文章和练习日课组成，导读文章承担的是练习前的统一思想工作。实际上这本书完全可以直接从第三部分开始阅读和使用。山洞四律的厉害之处如同藿香正气水，因为疗效显著，你不需要知道药理和化学分子式，只要用上就会有它的作用。在先理解后用上和先用上再说之间，我劝你选择后者。

现代生活时间宝贵，但山洞四律历久弥新，我相信无论时代怎么变迁，都有人能习得穿越时间的人类智慧，既有千金，又能乐意，成为此中高手，练就盖世武功。

目录

成为现代高手

精神山洞

山洞是个比喻，因为它是经典武侠故事里的主人公变厉害的场所。

整本书我都打算使用这种叙事：现代武林高手的叙事。这些故事通常都是相似的，主人公寻求改变，于是决意入洞修炼，遁世三年五载，出洞时铸就一身浩然正气，练就绝世武功。

山洞是我多年来对解救软弱的自己的一种幻想。

打不过想逃，羞愧难当想有个地缝钻进去，后悔莫及但愿没有发生过，周期性自闭厌世谁也不想见，总之，想要远离这一切，好让我能大哭一场或者从头来过的时候，我就渴望真的有一个山洞，能够让我渐渐镇定、变美、变强，等再出来的时候，我已经准备好了。

最初，我会执着于物理空间的隔绝，从收拾出一个书桌、床铺或者工位开始，再到努力去实现拥有“一个自己的房间”；我想等待环境条件都具备再动手，于是迟迟没能动手。这一段弯路走了太长时间，历经好几个时期，少说也有十年。

有一个时期，我害怕泯然众人，急于证明自己的不同，到处寻找可以把自己区别开来的证据。最初我在电视台的大楼，发现那里面都是小播音员，我是最弱的，于是逃到外企的大楼。到了外企大楼，发现那里面都是小白领，我的英文是最差的，于是逃到了大学研究生院。又发现那里面有很多很多的研究生，这世界到处都是众人。再后来开公司和写作，发现城市里星罗棋布的都是小公司，书店里铺天盖地都是书籍。我如此渴望拥有自己的地方，因为我发现这世界本就是一个大楼挨着一个大楼，里面全都是比赛，除了退回自己的空间，我再也逃不到任何地方去。

有一个时期，我很在意边界，好像哪里有条线，别人的一句话，一越过线对我就是打击。因为弱，人在新手期会像刺猬和鸵鸟，面对外界还没交手就先选择防御。但矛盾点是，在整段弯路中，我又蜷缩，又在等待外力识别出我是可塑之材，我渴望有过来人认出我并告诉我，我有着光明的未来。

回顾以上弯路中的种种，如今作为山洞四律的高阶玩家，我要在这本书开头就明确地说：

山洞不是物理空间，山洞在你心间。

不要等，不是环境具备了你才能动手，而是你一动手，山洞立刻在平地耸起，将你笼罩。

你当下一动手，心境和环境立即转变，你不需要远走或消失才能遁世。

厉害的从来都不是山洞，是其中的人，是其中的人正在习得的招式。

现代修行

这不是一个玄乎的概念和标题。

修行本身是一个平实的词，指的是修正自己的行动，或者从旧的行动修正到新的行动。过去那么做，现在看看能调整什么，调整多少，以至于让体验和结果有所不同，就是修正行动。但持续修正行动的意义又很大，它可以修改命运。

当你面对一件事，按照你过往的性格和逻辑会反复发生后面的行为，行为会导向结果，这个就是命。修行可以让你即刻偏离本来的既定路线，向着另外的可能性前进，你就帮自己修改了未来。

山洞四律，就是干这个用的。它是一套招式，是可切换到另一种命运的途径。它代表着在需要的时候，我们可以选择去进行四种行动。在这四种行动进行的时候，我们视自己正在有意识地走入山洞。

把它叫作“现代修行”，是说我们不需要脱离生活的原有轨道，也不会离群索居或者让行为变得古怪。山洞外面，我就是日常这个我；山洞里面，我修正行为。于是改命开始。山洞这个比喻给人以切换感，无论环境如何，我一动手，就自顾自已经进去了，我能瞬间建立自己的山洞，说明我有办法给自己有序的希望，而不是日渐涣散的恐惧。

这里，我邀请你和我一样，从此做一个山洞四律的练习者，一个现代生活中的修行者。

练习者可以从第一天的第一种行动开始，然后随着每天的推进，逐渐从一种行动叠加到四种行动，逐渐进入新的阶段。随着练习的深入，你会感觉到，自己可以切换为另一个人格存在，这个人格安静、坚定、丰富，充满生命力。这个人格会在你需要的时候降临，改善你的情绪，更会创造你的未来。

论心不论迹

我在前言里说，这条寻找灵丹妙药的自救之路，是为了远离拖延和自卑而启程。

我既然研究起内耗和拖延，肯定是因为一开始自己也如此。

从新手到高手的过程中，我发现行与不行的最大差异，和最初料想的很不同。

在新手期，我以为高手和我最大的差异是客观成果，但后来我才发现，最大的差异是对自己的看法。

新手的感受当然经常是糟糕的：体验着截止日期临近的焦虑，也常常很难理解自己，为什么眼看就要来不及，或者明知这样拖下去对自己没有任何好处，就是迟迟不肯开始。

除了没看到成果之外，新手还有一个萦绕在心的认知：我都还不会，我资源不足，我没人，也没钱，所以我没办法开始，我肯定做不到，我当然完不成。

吊诡的是，就算新手终于有了些进展，对自己说的话也还是：我好不容易开始了一点，但不知道什么时候又会停下，我就是那个开始了也会半途而废的人。

但高手不这么想。

当高手完全没动手，会想“我总有一天会动手”。

当高手动手开始做事，会想“我果然真就动手了”。

等高手把事做完，会想“不愧是我，我就知道可以做完”。

在外界看来进度相同的两个人，可能有着截然不同的自我认知。在这个阶段，新手与高手，原来是论心不论迹的。

随着时间推进，区别才会显现。顺着各自的认知推演下去，新手果然半途而废，高手果然如期做完了。

这种自我认知到底是怎么扭转的呢？

高手又自信，又有结果。谁不想成为高手呢？

我现在明确地说，别弄那些没用的，一路走来，三十年间纷纷扰扰，繁华落尽始见真金。如今得出的山洞四律，就是行之有效的炼成高手的极简招式。

怎样才算

人在路上，可以说自己还没成果，但不可轻易说自己有拖延症。

迟迟没开始，可能是因为你还处于新手期。

人人都会拖延。

人不是机器，不可能所有的开始和速度都达预期。有的事确实需要审慎开始，偶发的拖延本来就是生活的一部分。

有拖延现象也未必就是拖延“症”，但新手就容易自己吓自己，还没开始或者慢了几拍就担心自己一事无成。

但如果经常性反复拖延，对自己的认知又长期停留在新手期没有变化，这极大可能就是拖延症，需要认真干预。

怎样才算真正有拖延症？拖延到什么程度，就到达了可以称之为“病症”的阶段，需要进行调节和干预呢？

答案是，当你认为你的拖延已经达到了浪费生命和严重影响人生质量的程度。

拖延症是指因为自我调节失败，在能够预料后果有害的情况下，仍然把计划要做的任务往后推迟的一种行为。但请注意，拖延症与其说是一种行为，不如说是一种对自我的判断。

拖延症是对自己的一种负面判断。简单说，就是判断自己：事也没做，人也不行。

任务有没有做，做多做少，这是客观的；但由于任务没做而自我感觉差的程度，是主观的。需要干预的拖延症有一个明确的指征：你由于之前的多次拖延，形成了主观上对自己的否定和负面认知，这个认知让你已经不敢再让自己面对任务，无力进入能够促进改变的行为，于是产生了人生停滞不前和自我认知消极两个负面的结果。可以肯定地说，这就是需要干预的拖延症。如果你确定有了以上的自我认知，你的确需要练习山洞四律。

自我诊断

你是否需要精神山洞，需要修行山洞四律，要看自己对生活的期许。

但如果你真有拖延症，山洞四律的意义就相当重要，它能把你拖出当下的泥沼。

这里，让我们再稍微严肃一点儿地自我诊断一次。

拖延现象主要有四种。你可以一种一种地比对，如果你发现符合第四种，应该立刻开始书中的练习。我确定这本书就是为你而写。

结构性拖延

你有没有过这样的情况：在若干待办事项中，为了不做主要的长期的困难的事，于是把相对容易的事先做了。

有一个普遍的现象。当你面临一个须深度专注 3 小时才能完成的项目时，反而会开始做平常不做的家务——你反常地把衣服放进了洗衣机等待它启动，又清理了厨房并烧水泡茶，然后重新摆好书桌上的物品，把几个无用的杂物挪到书架上或者抽屉里，最后换了套舒服的衣服终于坐下来，又决定先整理电脑中的文档——两个小时过去了，你视野内的空间整洁了很多，但就是没有开始做最重要的事。

但你也会发现结构性拖延其实有用，虽然最重要最难的事还在拖着，但也完成了一些小事，这让你的情绪不会太差，因为混乱趋向清晰，小的完成也带来了小快乐。你会感到我一直在做事，我并没有闲着，这些拖了很久的小事竟然被我做完了。

还有一个现象：能干的人会越来越能干，那些本来就忙的人反而能同时完成更多小事。因为涌来的新任务也被加入了他的列表，权衡比较后形成了新的优先级，然后一个任务推着一个任务，小事和大事一比压力更小，最终都被先完成了。

结构性拖延是最友好的拖延，距离真正的拖延症还很远。因为只要一个人还在结构性拖延，他就有正在着手的任务，就会形成小的正反馈，就会促使他进入完成的惯性。当他在结构性拖延过程中把相对容易的部分逐渐完成时，情绪和自我判断开始发生改变。终于有一天，当他完成了足够多的准备工作，会发现一个准备好了的自己，已经站在了最难的任务面前。

结构性拖延是最优的拖延，因为在所有的拖延状况中，只有这一种是前序时间没有被浪费的拖延。虽然同样是重要的事尚未开始，但只要还没有拱手把时间让给其他上瘾机制，大脑就不会发生器质性的改变。如果说高手也会拖延，那高手通常都是这样拖延的。

高手并不是立刻就能让自己遁入山洞专注做事。高手视所有前序工作为心理准备，当自己或环境需要时，自己总有方法进入状态，现有阶段可进行切换。

完美主义型拖延

完美主义型拖延总是追求万般皆好的状态，只有确保自己百分百准备好，或者确信结果一定会满意时才会开始。但万般皆好的状态根本不存在，结果的确定性也极难保证，所以常常陷入无法准备好的怪圈。

完美主义型拖延常常导致开始的遥遥无期。

如果你是完美主义型拖延者，那你看事物总是更关注缺陷部分，而不是已经具备的部分。本质上这是对失败的恐惧，还没做，就对可能失败的结果展开了构想，对那时的自己进行了审视和批判。你想尽力避免犯错，于是认为不开始就不会犯错。你对预期偏差的想象越具体就会越害怕，一直在询问他人或收集信息，却迟迟无法开展行动，最后时间过去了，人还在原地转圈。

完美主义型拖延者成长为高手的契机，一般始于外力的倒逼。到了不得不启动的截止日期，硬着头皮上路，结果发现之前认为不具备的条件在路上时反而具备了，也克服了原本以为无法承受的恐惧。开始后，完美主义型拖延者会看到，那么多人有六成准备就敢于开始，而自己之前有了八成准备却还在迟疑。

完美主义型拖延者一旦下场，就有更大机会成长为强大的完美主义型实践者。完美主义型实践者往往胜算更大，因为他们更谨慎，更周全，标准更高，更令对手恐惧。

如果你现在是完美主义型拖延者，那么你需要一个强大的外力，给你开始的契机。

资源松懈型拖延

谁痛苦，谁改变。还不够痛，是你依然没开始的主要原因。

这件事重要但没那么紧急，今天开始也行，明天开始也无所谓，没有人逼你，结果好坏也不能立刻影响你的生活，既然时间充足，什么时候做都来得及，那就先拖着吧。

家乡的著名景点，那些到了节假日游人如织必打卡的地方，我们自己反而没怎么去过，这就是一种资源丰沛带来的松懈。你会想，反正就在自己家附近，也没有时间限制，想去随时能去，没什么可着急的。但如果发生限制性变化，如景点从下月起停止对外开放，你就会考虑动身——要不要在关闭之前去认真参观一次。

生活中普遍发生的资源松懈现象，第一种是松懈于锻炼身体，第二种是松懈于学习提升。往往要等到资源明显缺乏的时候，我们才懊悔没有趁早做这些重要但当初不紧急的事——健康出了问题才决意锻炼身体，职业生涯受阻才有心学习。

资源松懈型拖延在当下暂时无害，但难以让未来生活发生深刻的质变。当时机到来，没有可以与之匹配的能力，就会错过。如果道理都懂，依然迟迟没有开始，对未来的焦虑就会到来。

这类拖延的解决，要看你有没有真正的志趣。志趣，就是那种做了就高兴，不为成功也愿意投入的事情。

高手做着持久的准备，并不是因为深谋远虑，而是因为志趣所在。拥有志趣的高手必然成功，因为成功是进入山洞的结果。沉浸于志趣就是幸福，在山洞里本身就是目的。

如果你有足够的时间、精力，以至于竟然可以资源松懈，那么，你就仍然是一个拥有大量机会成本的人，就意味着你还有机会成为任何人。这真是让人羡慕的自由。

学习山洞四律期间，你可以利用这份自由去寻找你的志趣。

至于你准备在山洞中做的事，不要问有没有用，只问有没有志趣，因为你根本不知道，什么东西在什么情况下，会突然有用或没用。“但行好事，莫问前程”，往往有好的前程。

习惯性拖延

前面说了，“这条寻找灵丹妙药的自救之路，是为了远离拖延和自卑而启程”。“拖延和自卑”就是整个《山洞四律》启程的地方。“趁早”的时间管理体系面世十五年来，解决得最多的困惑全都集中在这里。

十五年中，我眼见拖延和自卑如何成为慢性毒药，蚕食掉人的信念和希望。即使是最坚定的高手，也做不到常怀信念和希望，那火光会随自我和环境变化，发生飘摇。但高手总在自救，他们寻找柴火，拢住真气，找到办法让自己再一次熊熊燃烧。

尚未炼成高手的绝大多数人，都徘徊在正态分布的中间地带，每一月、每一天都在发生着变化。随着时间推移，一些人会最终亮起来，另一些人会渐渐暗下去。习惯性拖延就是那一层层的暗淡，当拖延一次一次反复发生，成了习惯，就会导致一事无成。

人可不可以一事无成？人是自由的，人可以。但无所事事和一事无成是不同的。

无所事事是本来也不想要，就无所谓有或没有，温饱之上都可以自得其乐，心安理得。

一事无成是本来想要，但想要的一个都没要到。

当然还有一种，也是最难受的一种：因为怕要不到，所以假装自己本来也不想要。

人只活一次，如果没能充分使用这唯一一次的潜能和想象力，就少了无数可能性和体验。终点总会到来，那么站在这个终点往前想，只有充分燃烧过，才能少留遗憾。无论从哪个角度——志趣的探索、沉浸的满足抑或世俗的成功，如果是因为不曾出发而一无所获，这将是多么遗憾。

如果这已经是你的隐忧，那完全可以通过自我调节和干预彻底改变。

习得性

要理解改变如何发生，需要先理解“习得性无助”。如果你读完习得性无助的概念，发现自己有这个问题，那这本书后面的每个部分都会鼓舞到你，希望你能仔细阅读。

读鼓舞人的书，交鼓舞人的朋友，对你的未来都很重要。人是靠着希望和对世界的积极解读存活的，那些不能鼓舞到你的人和事，再喧闹也是轻飘的。

习惯性拖延是习得性无助发生后的现象。当你发现已经是习惯性拖延了，说明习得性无助发生在前。

习得性无助是一个心理学名词，指由于之前频繁受挫，被打压被否定，人的自我评价倾向于负面和消极，会用“我不行，我总是失败，我果然做不到”下自我论断，从而失去成长的欲望和自信。这样的认知在潜意识里常驻，会让人消极不行动，越不行动就越没有结果，越没有结果就越消极，进入恶性循环。因为这种认知不是人天生就有的，而是在过去的经历中一次次学习到的，所以被称为“习得性”认知。

“习得性”是这里最关键的词，既然人可以一次次学到这个，就也可以一次次学到那个。既然负面的自我认知可以习得，那正面的自我认知也可以习得。如果我们重新习得了正面的自我认知，我们拥有的从此便是“习得性自助”了。

那么，积极或消极的自我评价，到底是如何习得的呢？

心理学给出过确定的答案——产生自我认知感受差别的，是基因和环境。基因是与生俱来的，环境则分为早期原生环境和后天环境。早期原生环境就是常说的原生家庭，和基因一样，都属于无法选择的部分。但环境中还有可重建和可选择的部分，这部分就是后天环境。

习得性无助，通常是由缺乏积极解读的外部环境造成的。积极解读，也就是面对一切事件时，都能够以客观、正向的态度面对和处理，也就是我们常说的接纳、鼓励、支持、理解，而不是和外界一起，对自己再次进行打压、批判。

如果你在成长中常被周围人打压和否定，即使表现好时，也会被挑剔和指责，你的自我意识就会逐渐走向消极，你的潜意识就会开始认为：“我做什么都不对，我什么都做不好。”在缺乏积极解读的环境下，你对新挑战缺乏期待，面对新任务时，你会感到恐惧。因为更多任务就意味着更多的谴责，你会因为自我保护的本能选择逃避任务，最终滑向习惯性拖延。

反过来，在积极解读环境下成长的人，面对拖延的自我认同会有很大区别——因为这样那样的原因，明知拖下去不好，任务也还没做，但是主观感受上，却并没有像习得性无助拖延者一样消极。他们会倾向于认为“我事没做，但我人还行”，或者是“虽然我现在没做，但总有一天我还是会做的”，又或者是“既然我还是没做，就说明这事不重要，等足够重要的时候我就做了”。

简单说，就是积极解读的人面对困难和坏结果时，会习惯性地选择和自己站在一起去对抗困难，而不是选择和困难站在一起去对抗自己。

他们是一群客观上拖延但主观上并不消极的人，拖延这件事没有大到影响他们的自我认知，也没有渗透进他们之后的行为模式中以造成恶性循环。这样的人有拖延现象，但没有成为习得性无助拖延者，他们的拖延问题就不算是大问题，也容易改善。

人和人的主观感受是截然不同的。同样的任务和环境，类似的拖延程度，受先天基因和环境的影响，有的人心情平静，而有的人会焦虑到影响健康。还有的人，哪怕已经有了可观的进展和完成度，依然充满巨大压力。从这个角度说，王阳明说的都对，世界是主观的。

如果你符合这部分关于习得性无助的描述，那么无论你有着怎样的基因基础，有过什么样的环境和自我调节方式，山洞四律都可以有效帮助你逐渐远离旧状态，进入新阶段，从习得性无助进入习得性自助。

焦虑的反面是专注和具体，当你习得了适合自己的准备和行动，获取了心力和能量，把事情一件一件启动，再一件一件推进，你就会发现，焦虑会随之消失，与此同时，愿望也一个一个开始实现。

焦虑不是在愿望实现时才消失的，在坚信它能消失的当下，在启动和推进的路上，焦虑就已经逐渐消失了。

高手自救地图

第二部分内容主要献给喜欢视觉化和逻辑化的读者。

这一部分用一个图来示意从新手到高手的路径，也就是山洞四律发生作用的轨迹和练习者可以去往的方向。

这个图是一个演示模型，它非常简单易读，并且我保证全书反复出现的只有这一个图，不会增加阅读难度。

本来，山洞四律也并不费脑子，它并不要求充分理解之后再开始行动，而是只要行动开始了，只要感官调动参与了，人就自然进入了理解进程。

这是一个随时可以在手边纸片上画出的简易小图，也是帮你找到自救起始位置的模型，如同高手使用的地图。这个模型被描绘出来后，在很长的一段时间里，我都把它叫作“习得性自助模型”，现在我还叫它“高手自救地图”。

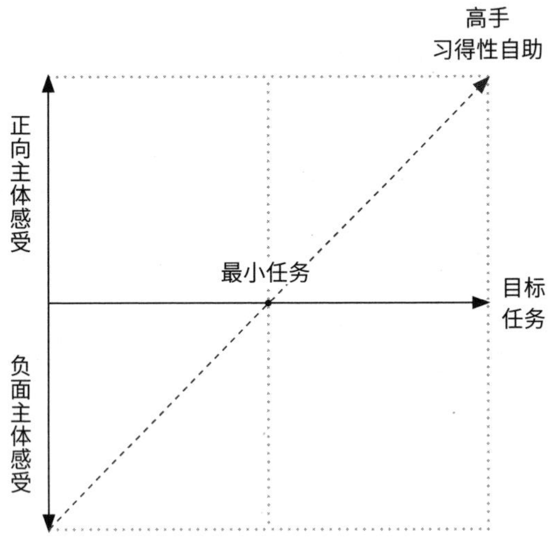

高手自救地图（简明版）

“习得性自助”，对应的是最糟糕的“习得性无助”，这个模型的终极目标是帮助使用者成为一名“习得性自助者”。习得性，在于无论你过去的状态如何，新能力都可以在练习中获得。

习得性自助状态，是这个模型的理想高点，是所有人都可以通过山洞四律的练习达到的高手状态。

山洞四律是高手自救的招式，高手会首先确定自己的位置，然后找到起点去入手。

高手会一直找办法帮自己，而不是依赖他人，坐等救援。

高手在找解决方案之前，首先会调整情绪，正向的情绪就是第一个办法。

高手都是习得性自助的，自助者天助。

把它叫作“高手自救地图”，可以更准确地描述这个模型的行动本质：自救。

所有人都在

这个地图展示了一个人的主观感受和行动推进之间全部可能的状态。每一个人都可以在地图上找到当下的自己所对应的位置。

模型还展示了可到达的下个阶段。下个阶段的你会和上个阶段的你不同，因为经过了系统化循序渐进的训练，你会敢于开始和善于完成，会更加自信也更游刃有余，不再自视为一个无力的人，而是一个已经重建了秩序、控制了人生进度的人。

无论你陷入了何种人生困局，无论你是否已经自我确诊为拖延症、习得性无助，或者手机重度上瘾，在人工智能时代全面到来之际，在改变人生的道路上，你需要的都是自己出手救自己，没有其他的道路。

你当然会找到方法，找到帮手，找到陪伴和激励的伙伴，但前提是你已经走在了自救的道路上。

只要走在道路上，今天就比昨天好，明天更比今天好，一直好下去，人就逐渐镇定、自信、澄明、通透，像一个高手。当你遇到事，遇到人，常常镇定、自信、澄明、通透，你就是一个高手。

高手都曾经是小白、菜鸟、普通人，只是他们在路上自己历练了自己。

欢迎来到高手自救地图，在这里，让“自救”这个词语常驻心中。当你感到孤独和无助时，凭着这地图，你会明白人在世间，从头到尾都是在自救自助。既然本该如此，那你就不应再畏惧，往哪走都是道路。

两条基准线

有人看重成就，评价自己时会看做了什么和做了多少。

有人看重感受，评价自己时会看乐不乐意、开不开心。

千金难买我乐意，有人要千金，也要乐意。

这两条在高手这里都是基准线，但心外无物，更重要的一定是主观感受。

在高手的地图上，存在两个基本维度：一个是需完成的任务，另一个是进程中的自我感受。这两个基本维度共同构成了这张地图的横轴和纵轴。

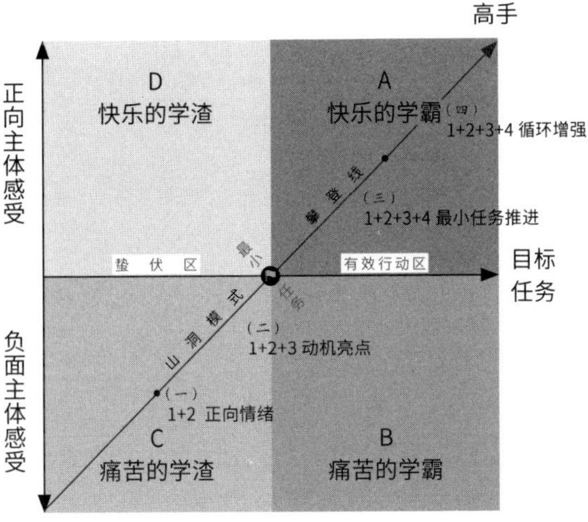

高手自救地图

1. 横轴：目标任务

最小任务：向目标任务挪动时的第一个有效行动启动点

蛰伏区：未开始执行目标任务

有效行动区：已开始执行目标任务

2. 纵轴：主体感受

正向主体感受：高兴、快乐、自洽、愉悦、幸福、满足

负面主体感受：焦虑、恐惧、担忧、痛苦、自责

高手的横轴

对所有人来说，横轴都分为 3 个部分，最左侧是未行动区，称为**蛰伏区**。虽然任务还没有开始，但在这个区域，人不是全然空白的状态，因为心理上已经开始了准备和自我评价。无论任务是否已经启动，一旦它在心理上出现，这条横轴就会诞生，成为人心中一条看不见的暗线。这条暗线有时候是个小目标，有时候是个大梦想，是潜藏的灯塔和火把。世间所有的塑造和实现，都是沿着这样的暗线开始生发的。

但与此同时，焦虑也会在这条暗线上随时间滋生。

最小行动

横轴的分界点在于最小任务的启动点，即开始行动的第一刻。

这就是千里之行始于足下的第一步，积沙成塔的第一粒沙。

如果借用创业领域的 Minimum Viable Product（最小可行产品）的缩写 MVP，可以把最小可行行动 Minimun Viable Action 缩写为 MVA，简称最小行动。

MVA 的出现，是发生改变的重要节点，因为当自救者继续向右行进，随着任务的继续推进与接近完成，他就逐渐远离了不作为，成为一个行动者。成为行动者，是成为高手的开始。

在路上

MVA 再向右，就是向前延伸的有效行动区。

计划开展了，事情执行了，行动持续了，人在路上了。

在路上是最棒的，哪怕起起伏伏，希望失望，山顶时隐时现。

这部分横轴的结束点取决于任务截止日。对于长期进行的任务，这条横轴还可以无限向右延伸，直到生命截止日期的来临。截止日期大多数是一个客观日期，即必须完成任务的日期，但也可能是主观上设想的某一个检验日。

很多人内心都有对未来自己的期许，比如说

“三十五岁的时候我将如何”，如果在那个期许的未来时间点前，觉得应该做的事情一直都没开始，没有在内心的任务横轴上向右推进，就常会体验到焦虑。

焦虑是因为没有踏上想象中的旅程。

主体感受

纵轴才是我们的一切目的，因为感受是一切目的，确切地说，人的好感受，才是生活的一切目的。

千金难买我乐意，千金不一定是乐意的桥梁，但乐意终究抵千金。

纵轴显示的是人的主体感受。就是全都源自体验者本身的主观体会，无论悲喜，切实出现在自己的体验中，任谁也代表不了、代替不了。

为了和主体性紧密相连，我用运动心理学中的一个术语命名纵轴，叫作**“主体感受”**。

针对任务完成的情况，主体感受向上的属于“正向主体感受”，包括高兴、快乐、自洽、愉悦、幸福、满足，表达为“我可以，我能行，我不错，我胜任，我能学会，我能完成”等。很明显，因为个体的基因和环境差异，主体正向感受并不总与任务的完成度成正比。

纵轴向下，就是主体的负面感受。包括焦虑、恐惧、担忧、痛苦、自责。这些感受常常和期望值以及任务推进情况紧密相连。没能如期完成的人，一定使用过以上形容词来描述自己的困扰。

如图所示，人与人的主体感受区别很大，有虽然任务未完成，但感受依然正向的人，也有任务推进能力强，旁人看来能效惊人，感受却始终负面的人。

你是谁，你在哪里

因为两条基准线的划分，模型上形成了 A、B、C、D 四个象限。

这四个象限的行动情况和主体感受都各不相同，共四类人，我们全都分布其中。

为了更直观地理解，我为四类人都取了通俗易懂的名字：

A：快乐的学霸

指任务按时完成且主体感受非常满意的人。事达预期，人也自信，他们是在持续达成目标的正向反馈中成为习得性自助的人。真正的高手就是快乐的学霸。

B：焦虑的学霸

指任务按时完成但主体感受依然负面的人。事都办了，觉得自己还是不行，不够好，不满意。他们有启动和完成的能力，但是缺乏积极解读的内外部环境。

C：痛苦的学渣

指任务没有完成且主体感受很差的人。事还没做，就觉得自己不行，既然不行，就更不想做。C 区人问题最大，最需要读这本书，也最需要山洞四律，因为 C 区人就是习得性无助和习惯性拖延的人。

D：快乐的学渣

指任务没有完成但主体感受正向的人。这就是前面提到的“无所事事”但心安理得的人，是真的心安理得。

比起真正的完成，我们更关心自己真正的感受。我们最好成为一个既能做完事情，又能感受到快乐的人。但如果不是，我们也要想办法让自己成为一个感受正向的人、快乐的人。

在很多时候，D 区人是我们的榜样，他们是自洽与精神胜利的人。

精神胜利，才是本质的胜利——任何时候，我都有办法快乐，任何时候，我都不和外界站在一起批判我自己。

C 区警告

人的感受，是变化和流动的。

人生是分阶段的，上个阶段的顺利完成，不保证下个阶段能避免困顿。

人人都有可能滑落 C 区，或者从 C 区逃出又掉落。

但如果你此刻正在 C 区，能确定的是，你可以现在就启动自救。

A 区人是山洞四律的天然练习者，也许是原生家庭的影响，又或者是后天的自我塑造，他们掌握了既按期完成任务又自信的方式，已经成了习得性自助者。

C 区人启动自救，是要通过练习去往 A 区。B 区和 D 区也是。

攀升方向

每个人在此刻，都可以在横纵轴组成的基准线上找到自己的位置。

无论大家目前在什么位置，都有共同的调节方向。

显而易见，又要快乐，又要完成任务的我们，方向从来都是一样的：**方向一，朝着主体感受正向的方向调节；方向二，朝着任务完成度高的方向调节。**

这个模型的重点是，所有人的调节方向，汇聚成了一条从 C 区到 A 区的攀升线。

在模型右上的顶点，是知行合一的最高状态，是任务完成能力和自我认知的最高状态，我称之为高手状态。在练习成为高手的道路上，拖延和自我怀疑会渐渐离你远去，你不再是一个习得性无助的拖延者，你将成为一个习得性自助的行动者。沿着这条道路继续行走，有一天，你会成为高手。

接下来我们需要掌握的练习，就是它的攀升方法。这套方法不是一些小技巧、一组小妙招，而是一组按逻辑推进的行动方案。这套行动方案的名字叫作“山洞四律”。练习它的每一天，人都可以被引导着朝主体感受正向的方向自我调节，同时也朝着任务完成度高的方向自我调节。

既有办法完成任务，又有办法同时让自我感觉良好，这是值得每个人都终生追寻的模式。

山洞四律

其实，你不用通过阅读来理解前面的概念和模型，可以直接从这里开始。

还有，第三部分不是用来练习如何自律的，人们也早就厌倦了谈论自律。

世间的成果也并不是自律带来的，而是沉迷、精深专注、全情投入。那种令人神往的状态，前人用过很多名词去命名，如“心流”。

为了能重复抵达这个状态，人们创造了一系列准备招式，这些招式常常被统称为自律。

这些招式就像水面的步石，习得的人向第一块跨出去，再轻盈熟稔地连跨几块，就到了对岸。对于暂时还踏不准步石的人来说，跨过去的人就像武林高手，身手矫捷，步伐确定，轻轻松松，完全没有犹豫。

在过去，描述这类脚踏步石的修炼，人们会说：静下心来，专心致志，假以时日，把功炼成。

然而智能时代来临，注意力被信息洪流完全打碎并重新分配。在这个过程中，世界上的人正在逐渐演化成两类。

第一类人能做到主动防御注意力丧失，夺回大脑的主动权，但这类人在未来只占极少数。

第二类人将会深陷智能手机，专注力瓦解，海马体异变，持久深入的思考能力将丧失，难以在各种方向深耕。这类人占大多数。随着时间推移，在焦虑和紊乱中，第二类人与第一类人的差距会越拉越大。

人们还在预测，全面人工智能时代来临之后，未来生活的秩序会是怎样？

未来，也许只有极少数人的前额叶会继续发育，能够使用人工智能作为行为助理，甚至借助科技手段使脑力升级。而大多数人将再也谈不上掌控生活，主导感受。因为大脑被电子产品长久侵蚀后，早已发生了器质性的变化。所有可用时间都花费在手机或未来更容易上瘾的电子产品上，再也没有时间可支配了。生命的本质就是一段段时间，当每一段时间都交了出去，就只剩下涣散。

好可怕。不要成为第二类人。

就算人类在智能时代有着这样那样的适应问题，也总有人会选择成为认知幸存者，保有现代修行者的生存智慧，研究出护体心法。这些还能守住思考深度与生命实感的人，正在创造新阶段的自救文明。我们就从这里开始，练习对抗神经劫持的破解招式，成为这群人中的一员。

这些招式，其实是过去武林高手踏过的那几块步石——人们为凝神专注进行的一系列统称为自律的准备工作。

它们源于智能时代之前。

早在那以前或者更早，人们就自律地生活了。

后来，人们接触了来自四面八方用来佐证这样生活的许多观念——宗教、脑科学、积极心理学——但都只是佐证，只是再次一遍遍告知这样生活从来是对的，人理应这样生活。

这样生活当然是对的，100 年前，500 年前，1000 年前，混乱的生活各有各的不同，澄明的生活本来就是相似的。

在这个人工智能爆发的黎明，我们不得不正式做点什么，以加入这场史无前例的注意力争夺战。

这场争夺战，也是人类简史的一部分，总有人能幸存，说不定就是我们呢。

山洞四律

山洞四律，是以下四种朴素的行动。

写下：每天有固定时间用于“写下来”的练习，需要使用纸和笔进行传统书写。

具身：每天有固定时间用于肢体上的活动，在练习时使用身体去完成和获得练习体验。

戒屏：每天有一段时间，不观看电子屏幕，不向任何电子屏幕投放注意力。

做事：全身心投入做人生本阶段最重要或最具意义的事。

第一次启动山洞四律，可以从这本书中所讲述的连续十六天的练习开始。

十六天，像高手一样行动。当高手写，我们就写；当高手起身活动，我们也起身活动；当高手放下手机，我们也放下手机；当高手做事，我们便也做自己的事。

不要求生活从此与以前截然不同、一分为二，练习山洞四律之外的时间，我们可以照原样做我们自己，毕竟高手也休息。

许多高手日常看起来和我们没什么不同，但当命运需要他们凝神聚气的时候，他们能立刻闪进山洞。

他们对自己能沉静完成任务的能力心知肚明——只是再来一次而已，什么内耗，不存在的。

如果我们顺着高手的路径，尝试着过高手的生活，逐渐熟悉进入山洞的方法，不就和他们最初的摸索一样吗？

如果我们也能踏过砖石，一次次进入山洞，日积月累，精深专注，不就是高手本人吗？

成为高手的开关就在我们自己身上。山洞四律在手，就是拥有了切换的能力，当命运需要，我们也能一念即达。

山洞四律并不需要一下子习得，可以随着练习由浅入深，在体验中逐渐习得。方法也并不复杂，甚至可以说简单。这些行动你本来就会，只是如今它们并不持续存在于你的日常生活中了。你的繁忙通常让你不再关注它们，也不急于做它们，它们被你从生活中慢慢剔除掉了。

现在的绝大多数人，都已不会花时间来练习这样朴素的自我调节手段了；而相反，有能力掌控生活和情绪的人，则或多或少都有山洞四律这样的行动。这是因为，他们已经习得了有效的自我调节方式，他们懂得如何自救。

第一天

人的一生是学习如何去使用自己的力量的一生。当你感觉需要自救，担心自己缺乏力量，害怕辜负或者浪费掉生命，书写是撬动自己力量的第一步。

第一天从“写下”这个练习开始，这是山洞四律的第一个招式，是一个异常强大有力的动作。需要你使用真正的笔和真正的纸，践行一种古典的书写。

“写下”需要有拿起笔的动作，需要经历笔碰触到纸的过程，最好发出沙沙的声音，还要有书写的内容留存在纸本上的字迹。如此，我们建立起通往未来的第一条脑神经回路。

所有丰盛的未来，都是从冒出“我要丰盛”的念头开始的，因此，记录下清晰的念头，是很重要的练习。其实，80% 的焦虑来自模糊的妄念，因为之前你没留够时间让思路变清晰。

另外，用笔写，会让你放下手机。

随着时间的推移，练习者所写的内容会变化，但书写这一行动不可以省略。未来，已经成为高手的你必定和此时的你不同，你会完成很多重要的事。这些事，都由最初的书写启动。

随着练习的深入，你将亲眼见证自己是如何一步步将念头从文字转化为现实，往自己的最高状态攀升。

重新理解知行合一

知行合一，我们一般理解为一种方法，这种方法研究如何知道了就去做，然后去追求从知到行最优的抵达策略。每当我们拖延，半途而废，就会重新思考一遍自己为何没做到知行合一，然后重新找一遍方法让自己做到，去缩小知和行之间的距离。

但在这种主流理解之外，还有一种理解，我认为这种理解更有助于我们认清自己，从而改变日常做事的方式。

这种理解认为，知行合一的奥义，不是应该做到知行合一，而是知行是一个同时存在的状态，本来就是合一的。王阳明说："未有知而不行者。知而不行，只是未知。"如果说道理都懂，但就是没做，那说明还不是真懂，真懂就真做了。你行的就是你知的，你的行动就是你智慧的总和。注意，这个理解中，知和行之间没有时间差，要么就是这个知行，要么就是那个知行，任何人在当下都是知行合一的状态。

那怎么才叫真懂真知就很明确了。能不假思索、不费周章地行动才算真懂真知。知道抽烟有害健康但是又掏出一根，知道运动好但是身体没有动，就都是不知。难点就在这儿，脑子觉得自己明明知道该怎么做，但就是不做，这是怎么回事呢？

有宗派认为王阳明的知行合一是洞悉了人类思维中潜意识或者说无意识的部分，人终究是被潜意识推动甚至掌控的。理性意识知道应该做，但潜意识拦住了你。所以意识和潜意识走了岔路的人，就会明知故犯。克服拖延症就是要把潜意识往正道上引，意识和潜意识一起工作了，人就知行合一了。这就到了心理学领域。

佛学也有类似的说法：六识之外还有个末那识。末那识通过执着于“自我”，引发了贪嗔痴等围绕人性弱点的那些烦恼需求。修行就是要修这个末那识，让它逐渐告别那些只要存在就会一直痛苦的东西。只要修行修心，之后就能行随心愿，境随心转。静坐、冥想，都是在想办法接管这个部分的控制权。

由此看来，无论随哪一种宗派往下走，操作都是一样的：经常练习，日常修行，反复实践，直至改变。

结果这又是先有蛋还是先有鸡的问题——不就是因为潜意识或者末那识作怪，才让人无法开始练习和修行的吗？而不练习和修行，又没法矫正潜意识或者末那识。这可怎么办呢？

这就到了心理学的分支积极行为学领域。答案是确定的，以具身法则为例，就是不管三七二十一，先行动。只要有了改变的冲动，哪怕只是一瞬，就赶紧练习和行动起来，从旧惯性里撕开一个口子。这就是趁早行动，反复行动，能行动时且行动。临时起意是好的，半途而废也是好的，隔三岔五也没问题。有契机就上，随时撕开口子，就有找到进入按钮的概率。

口子一旦撕开，是什么可以帮助人持续行动？这就又到了我所在的这个宗派或者说领域：研究好习惯、新秩序、微小积累、持续改变的激励学。

小结论：但凡你还做不到的，说明你的潜意识或末那识还不知道，你得训练让它知道。

重新理解知行合一：你的行动就是你智慧的总和。你的脑子知道但是身体不动，说明你的智慧走岔了。你得训练。

今日练习◎写下

请写下今日的“自我诊断”：

1. 我常常处于模型象限中的 ______ 区。
2. 最近一次拖延是关于 ________________ 的拖延，

   发生时，我的主体感受是 ____________________。
3. 我认为高手最厉害的能力是 ____________________。
4. 如果今年内我能做到 ________________________，

   感受到 ________________________________，

   就能缩短一些和高手的距离。

第二天

“写下”具体要写什么呢？

写下各种形式的对自己的积极解读。

这是一次机会，让你有办法为自己亲手创建出后天的正向环境。

正向环境无比宝贵，就像给种子以肥沃的泥土。

积极的自我解读

从现在起，所有关于自我的描述，无论是外形、能力、成就，还是人际关系或收入，全都正着说，肯定地说，夸奖地说，充满希望地说。这就是积极的自我解读。

无论过去别人是怎么评价你的，无论主观还是客观，只要是负面的、限制的、没提出鼓励的，一概停止参考。

如果你有一张 80 分的考卷，你先不要在乎 20 分是怎么丢的，你要欣慰得了 80 分。

做出了这个转变，你就正在开始跨越自我认知改变的鸿沟。

关于积极解读的写法示例如下。

1. 如果过去是好的，则现在继续夸：

我很擅长干这个，只要给我这方面的任务，我总是能胜任，还能有更多新思路。

我总是能认出气味相投的朋友，只要这个人出现在我面前，聊一会儿，对方也能喜欢我。

我的身体调节能力很不错，很累的时候只要睡上一觉，我就恢复过来了，我知道怎样让精力旺盛。

2. 如果未来尚模糊，则描述光明的未来：

我会找到最适合我的工作，收入满意，有几

个靠谱的同事，老板通情达理，项目上有挑战。

我要继续去见更多的人，直到遇到一个人，和他/她互相吸引，开心聊天，走进彼此的生活。

我决意独自去闯荡，邂逅新鲜的事物，迎接未知的考验。我要的不是平淡，是一生有丰富的回忆！

3. 如果目前受困、没起色，则想象发生改变的可能契机：

营业额一直下降，我要每星期都尝试一套新方法，先尝试3个月再说！

我生完宝宝身材变样了，但我今年秋天肯定会重新开始健身的，等宝宝断奶我就正式开始！

我低迷了很久，是时候重新开始了，就在我读完《山洞四律》之后！

写下的内容可以很宽泛。你可以写现在、过去、未来，写计划、复盘，写感受、想象，写晨间日记、晚间日记。但只要写，就要遵从“积极的自我解读”原则。

但凡拥有过的，当时大部分的体验就是宝贵的，其他的，从长远看也都是有意义的；未来是可期待的，现状是可以改变的，事情都是有转机的；能力是可以加强的，关系是可以改善的；送走的本来就是错的，没选我的当然就是不适合我的。无论发生什么，我都是有办法让自己高兴的！无论发生什么，我都是有办法展开自救的！

简单理解积极解读，就是凡事都往好里想，凡是发生过的皆有利于我。这个方向没错，但我认为重点不在这儿。

积极解读的重点是，再次审视遇到的事、产生的结果并加以分析，解释给自己和他人听，以引发积极的情绪和行动。

这里的关键词是“再次”，因为第一次常是当下情绪和行动的条件反射，熟练掌握积极解读的人，能够跳过这个反射期，耐心等待自己给出后面的反应。

就好比我们早先都是容易意气用事的年轻人，后来自己培养出来了内心淡定持重的智慧老人角色。出了不顺心的事，年轻人总是先跳脚，激烈反抗或是扭头就走，但是年轻人心里知道家里还有个老人，等缓和些会问智慧老人怎么办。老人这时候会悉心指点，告诉年轻人要从长远看，要往好里看，要这么想、这么办。于是在老人解读的过程中，年轻人会平静下来，频频点头，采取老人建议的行动。

很显然，积极解读是成熟的人和思虑深远的人才能掌握的技能。年轻人是杏仁核，老年人是前额叶，受过长期训练的前额叶必将逐渐强大，最终在应对负面事件的时候接管杏仁核的即时反应。

练习积极解读的“写下”，是年轻人用文字在和身体里的智慧老人商量。所谓感情用事、意气用事，都是智慧老人还没培养起来的表现。

今日练习◎写下

请完成今日“写下”练习，书写内容为：

1. 我会用积极解读的思路，重新描述成长中的一次负面经历。

2. 我会用积极解读的思路，重新描述自己掌握得最好的一项技能。

3. 我会用积极解读的思路，对未来展开一番想象。

4. 我会用积极解读的思路，梳理如何应对最近的挫折。

第三天

今天，我们的身体开始参与练习山洞四律的第二个招式：具身。

具身是具身认知的缩略表达。

当具身成为一种练习，意味着其中所有的练习内容都需要从肉身切入，需要肉身参与。

具身认知指的是生理体验与心理状态之间有着强烈的联系，大脑可以控制身体，反过来，身体也可以控制和影响人的思维方式和行为方式。身体的状态和动作不只发生在身体上，也会对大脑思考产生强烈的影响。

与我们普遍观念中认为身体处于大脑控制之下不同，具身认知承认身体在塑造大脑过程中的重要作用。这意味着，我们的情绪和精神可以通过身体语言来调控。当一个人先行使用他的身体，就可以反过来调控他的情绪。

比如，不是有动力才去运动，而是运动了才会有动力；不是自信了才会挺起胸膛，而是挺起胸膛才感到自信；不是没有烦心事了才展开眉头，而是展开了眉头后发现事情没那么烦心；不是平静了才去散步，而是散步了于是平静。你想得到怎样的感受，就怎样调遣你的身体。这是高手自我调节的重要秘诀之一。

几乎每一个高手都会强调规律的运动、冥想和保持健康的身体状态的重要性。健康是生存的基础，也决定了一个人精力和体力的上限。没有充沛的精力，想要一年一年地良性运转，几乎不可能。

高能量姿势

以练习公众讲话为例。练习公众讲话的第一项，是先做到挺胸抬头。无论内心多么紧张，都做出坦然和昂扬的姿态，走上台去站定，然后徐徐环顾四周。

身体姿态之外，还要练习适时微笑：眼含期待，嘴角上扬，在每段话中间轻微点头，表示对公众回应的赞许。

之后是声音和动作。声音要清晰洪亮，动作要有变化，手臂的张开、收拢，都是在加强内容的可信度。

这是每一位演讲高手都具备的基本能力。高手不用刻意演练，就能自然执行这一切，臻于化境，毫不费力。

虽然并不是有了这些姿势、声音和动作就能成为演讲高手，因为这些都是表面招式，只是皮毛，但对每一个初学者，演讲老师都会鼓励他先从模仿表面招式开始。

这些表面招式，会让具身发挥作用，因为肌肉的使用可以让大脑产生递质。每种姿势都蕴含能量，就像按钮，按下A姿势，大脑就迸发A的递质，从而引发相应的身体感受。

具体来说，就是你并没有获得那种自信和状态，但是你通过做出那样的姿势编造了信号给大脑，大脑产生了神经递质，释放了电化学信号，于是你真的开始有了自信和状态。这就是具身，是高手在很多重要时刻使用的重要技巧之一。

如果说人生的意义是体验，那么人生意义的本质就是大脑中的化学信号引发的感受，想要获得正向的感受，就需要理解这感受产生的路径。被动等待环境给出刺激，和主动使用身体给出刺激，都是有效路径。在尚未理解具身之前，人们通常只熟悉第一种路径。

从根本上说，我们的大脑其实从未见过这个世界——它只是在黑暗潮湿、坚硬厚实的脑壳里，通过神经“电缆”感知和释放电化学信号。信号是有限的，大脑的感知和释放永远是片面的，这取决于“眼耳鼻舌身意”给了什么。

人们相信的往往不是真相，而是感受，因为感受是真切的。与其说人们追寻逻辑，不如说追寻行动和体验，通过行动可以获得可供分析的数据，通过试错可以获得正确的数据，通过持续学习可以获得广泛的数据，这些数据最终会成为你大脑神经网络的一部分，成为你直觉与理智的基石。

人们常说的自我养育和自我塑造，就是养育和塑造自己的大脑神经元，让它有能力给出更多的正向感受的神经递质。因此，自我养育和自我塑造，从每天的昂首挺胸和微笑开始。

今日练习◎写下 + 具身

○ 今日请在“写下”之后的练习中，加上“具身”。

请完成今日“写下”练习，书写内容为：

1. 在过去，我通常用什么办法帮助自己振奋？

2. 从姿态上，如何做可以让我看上去更阳光自信？

3. 从现在起，我会做什么来改变我的身体状态？

4. 当我习得高能量姿势时，我将拥有怎样的感受？

请完成今日“具身”练习：

○ 保持“高能量姿势”30 秒，体验前后和过程中自己的感觉和情绪。

第四天

今天将练习山洞四律中最重要的招式：戒屏。

手机等电子产品是工具，工具是中性的，可以是双刃剑。

如果需要时拿起来，可以便利生活和工作，它就是良师益友；如果不需要时无法放下，虚掷了大量时间，它就是洪水猛兽。

从今天起，我们可以认真观察和记录手机的使用。

在山洞四律中，这是现代人最核心的自救行动。

从旧瘾到新瘾

我们常说大环境不好，就看看怎么创造小环境；旧习性不好，就动手培养新习性。这话说起来容易，操作起来难，从手机上瘾对拖延症的影响来看尤其难。

对于已经手机上瘾形成了惯性的人，矫正拖延症的难点和本质在于——我们是要让自己摆脱旧的瘾，上新的瘾。上瘾这件事能量太大了，只有上更新的瘾才能变更路径。重新做人，不是做一个没有瘾的人，因为那不可能，而是要做一个让新的瘾影响和引领我们的人。至于旧瘾和新瘾的区别，就是脑科学领域常说的廉价多巴胺和高质量多巴胺的区别。

廉价的多巴胺，是指那些通过简单、低成本或者容易获得的方式来刺激多巴胺释放的行为或活动，比如吃甜食、玩游戏、刷短视频。

相对应地，高质量多巴胺来自更深层次的满足和成就感，比如完成艰难的任务、学习新技能、进行创造性工作或者体育锻炼。高质量多巴胺带来的是持久而深刻的快乐感。

那些极度专注于自我发展的人，上的往往都是第二种瘾，让第二种瘾帮助自己创造出前所未有的生活。

从旧瘾到新瘾，可以让人夺回大脑控制权，也夺回身体的改造权，从而自己动手创造出新的大脑机制。

因为未来你要做的事情，会超出你旧脑的能力范围。

诊断一下，如果你还在上廉价多巴胺的旧瘾，那你肯定有拖延症。而山洞四律的功能，就是让上瘾辞旧迎新。

在这个领域，成功只有一种：让高质量多巴胺源源不断，让自我一直发展。

今日练习◎写下＋具身＋戒屏

○ 今日增加“戒屏”练习。

请完成今日“写下”练习，书写内容为：

1. 在完成第三天的“高能量姿势”练习后，我的感受是怎样的？

2. 我认识的人中，谁是常常保持高能量姿势的人？我会怎么形容他？

3. 如果手机上瘾分为轻度、中度、重度，我的上瘾情况在什么程度？为什么会这样？

4. 我对今日使用手机情况（时长/频次）的预期是怎样的？

____

____

请完成今日“具身”练习：

○ 保持“高能量姿势”一分钟。

请完成今日“戒屏”练习，记录内容为：

1. 起床后，我坚持了多久才第一次看手机？

____

____

2. 晨间使用手机的时长大概有多久？

____

____

3. 哪个 APP 是我起床后第一个打开的 APP？

____

____

第五天

练习山洞四律的第五天，在完成写下和具身的练习之外，请继续观察和记录手机的使用情况。

等我们完全从时间长度上了解了自己的手机使用情况，就可以开始尝试切断多巴胺劫持链条。练习需要持续进行，也许要持续到重建神经可塑性为止。

到那一天，手机的拿起放下，都不是问题。到那时，一天中的所有时间，都能够完全由自己支配。

每天截流信息洪水的时间，足够在神经平原上播种一座花园。

给脑子多吃点好的

之前我讲拖延症，几乎每次都会提到前额叶，还会提到前额叶掌管着计划、自控、专注等能力。关于前额叶，坏消息是它的发达程度，每个人天生就有区别；好消息是它像肌肉一样，可以通过刻意练习，由弱变强。

但是这个比喻其实不好，因为大家一听练前额叶竟然跟健身一样，就会认为那岂不是更辛苦了：本来健身就已经又累又苦，是少数人才能做到的事，结果前额叶训练还跟健身一样，那是不是从身材到前额叶都不行了？

其实还可以这么说：只要一个人把渴望达成的事规划了一番并开始落实，就是在调动前额叶。这类事不是非健身、学习或工作不可，这类事实际上非常宽泛。一个人只要有这样的事，并且希望花费工夫去做成，就是在无意中锻炼着前额叶。或者说，有事要办的人树立了目标，正在想办法达成的路上，他的大脑前额叶就在塑造当中。不管干什么，凝神专注都是在增强大脑；反过来，分心和涣散都会弱化大脑。

如果说脑子需要食物，如果说我们每天都在饲养自己的脑子，那么深度持久地做一件事，就是在用自产的优质多巴胺和其他神经递质循环滋补自己的脑子。

从这个观点出发，去理解滋养脑子的世界，其实就是要给我们的脑子少吃廉价多巴胺，多吃高质量多巴胺。这样，我们每天做某件事时，就可以稍微想想，此刻自己正在如何喂养自己的脑子。专心致志地生活就是在给脑子吃高质量多巴胺。吃高质量多巴胺绝对不等于吃苦，而等于吃点好的。

再强调一遍，在这个世界上，分心和涣散才会最终导致吃苦。

今日练习◎写下 + 具身 + 戒屏

请完成今日“写下”练习，书写内容为：

1. 在完成第四天的“记录早起手机使用情况”后，我的觉知与感受是什么？

2. 如果早上不用手机，我会做什么？

3. 如果今天我能找一段时间，完全放下手机，去做别的任何事，我会选择做什么事情？

请完成今日“具身”练习：

○ 保持“高能量姿势”2 分钟。

请完成今日“戒屏”练习，记录内容为：

1. 观察自己睡前一刻是否依然在使用手机。

____

____

2. 如果“是”，请记下睡前最后使用的 APP 是什么。

   如果“否”，请记下是在睡前多久放下手机的。

____

____

第六天

高手有很多工具，手机是其中的一个。高手也要协调自己与手机的关系。

高手也会有很多没有进入山洞做事，或者尚未启动计划的时期。在高手自救小模型上，这段时间有它的名字——蛰伏区。蛰伏区自有它的力量，它让我们可以在心理上耐心做足准备。

很多时候，调整自己的状态，逐渐屏蔽打扰，耐心想清楚一件事情，比贸然仓促开始重要得多。

关键努力

用帕累托法则理解山洞四律，那就是即使有必须要付出的努力，必须要打的硬仗，也不必让自己的生活进入全然的苦修。只要把 20% 的时间投入山洞四律，就已经做出了最有效的关键努力。

写下最关键的梦想，训练出最核心的心肺和代谢能力，在最应该专注的时候屏蔽扰攘，留出时段来完成最重要的事。如果可以让这样的执行循环往复，就已经活成了极少数人。

因为大多数人都是在忙忙碌碌地承担选择的后果，而不是花时间去研究什么是最好的选择。

要做好选择，就要了解自己，了解自己的所长和所短、性格和思想；要了解欲做之事和时代趋势的关系——顺流还是逆流。趋势是什么样要承认，不要去逞强逆转，要做一个顺势而为的智者。智者首先是个明白人，不给糊涂人模糊边界的机会，也不在自己糊涂的地方逗留。明白人致力于找到自己的规律，构建自己的模型，给出自己对世界的答案。

像这样的关键努力，我在成年之后做过五次。

第一次是 2003 年 9 月，我从一家外企辞职，备战 2004 年 1 月的全国研究生招生考试，历时 120 天。

第二次是 2009 年 7 月，我开始写人生的第一本书《趁早》,10 月完稿，历时 100 天，书在同年 12 月出版。

第三次是 2015 年 7 月，开始写作《按自己的意愿过一生》，国庆节期间完稿，同样历时 100 天。

第四次是 2020 年，在 2018 年以来的素材基础上写作《五种时间》，7 月 1 日开始每天超高强度地写作，8 月 10 日完稿，历时 40 天。

第五次是 2022 年 3 月，开始写作《总会过去 总会到来》，6 月完稿，又历时 100 天。

启动这种关键项目，需要做好足够的心理建设和准备工作。这种级别的项目，在我成年后的二十多年间，也一共只完成过五次。

这样的项目都有着共同特征：有明确的时间期限，有超常的工作量，要面对高标准的检验。你很清楚，要想完成它，需要大幅改变往常的时间表，阻断干扰，一鼓作气，让大脑进入深度沉浸的状态。你也清楚，这是你长久以来渴望完成的项目，渴望拥有的自我状态。你尤其知道，这个人生项目的完成，会推动你人生发展的进程。

每次决定开始之前，我已经在感慨，整个过程真的不容易。虽然已经完成过好几次了，虽然这么多年我研究了各种行为设计原理、脑科学角度的专注方法、心理学上的机制，甚至我还写过那么多关于专注训练和心流体验的文字，我还是知道，将要开始的，肯定是一场硬仗。不过呢，在漫长人生里，让我们脱胎换骨的，必须都是这些硬仗。打过硬仗的人和没打过硬仗的人，是不一样的。因为只要完成过一次，这个人的心里就会明白，面对一件事，自己能够死磕到什么程度，内心就会留下力量。那段时光里的自己就会成为后面岁月里持久的榜样，在下一次需要的时候他会来告诉你，关键时刻，你没问题。

比完成项目更宝贵的，是它会让人对自己的认知发生深刻而持久的改变。这种改变又会催生后面一个又一个的完成。

人生是疏密兼而有之的，人生是有五种时间的，人并不是时刻需要像打硬仗一样地生活，只是当命运推动你到这个阶段的时候，需要你打硬仗的时候，你要敢打，要知道怎么打，还要能打赢。作为经历过数次硬仗的选手，我面对过很多问题，包括坐不住、熬不下去，感到太累太困和太绝望，包括中途反复怀疑自己的能力，继而怀疑未来，对自己的意志力感到失望，继而对未来失望。总之，所有体力、精力和时间管理能力的缺陷在过程中一定都会无所遁形，转化为情绪上的脆弱，让人想哭，想算了吧 ，想到“我这个人果然还是不行”。

“我这个人果然还是不行”，这个可怕的自我暗示的消除方法是找人结伴。当很多人一起走的时候，就会变成“果然大家感觉都差不多”。就像我当初熬不住的时候，就会去找高手的自传里最令他崩溃的那段来读，先告诉自己“果然高手也很崩溃”，然后再告诉自己“果然高手崩溃之后继续熬了下去”。现在我面对关键硬仗，会比以前任何时候都心中有数，因为我会见证我的崩溃，再见证我的熬下去。

总之，一踏上这条变化之路，去往新的秩序，人就不再在司空见惯的舒适区了。既然专注力像肌肉一样可以训练，那么，专注力也像肌肉一样会有力竭和濒临极限的时刻，这种时刻会交织着痛苦和变强的快乐。也许人还是在同一个空间里，只是从过去的沙发上到了现在的桌前，只位移了几米，但是我们的大脑已经开始了全新的历险。从未发生过的电化学反应会在颅内层层触发，在这过程中会有跌宕神奇的体验，会有巅峰时刻的心流，把人一次次带到那个应许之地。你会见到自信、镇定、专注这些特质进入你的身体，渐渐组成你灵魂的基本面。

再狠的硬仗，也是要一场一场打的，就让我们把事情一件一件做完，把愿望一个一个实现。

今日练习◎写下 + 具身 + 戒屏

请完成今日“写下”练习，书写内容为：

1. 在记录了第五天的“睡前手机使用情况”后，我的觉知与感受是什么？

2. 我对今日“户外散步”具身练习的预期是什么？

3. 我对今日在吃饭时使用手机情况的预期是什么？

请完成今日“具身”练习：

○ 户外散步 20 分钟。

请完成今日“戒屏”练习，观察与记录的内容为：

1. 我吃饭时是否在使用手机？我是一开始吃饭就开始使用，还是中途拿起来的呢？

____

____

2. 如果以上回答“是”，请记录使用了多长时间，打开的 APP 是什么。

____

____

第七天

进入智能时代后，人们的注意力持续时间因数字设备的高频使用而明显下降。

结果显而易见：

注意力被劫持：本来想做A，但是被吸引去做了B。

行为被打断：本来正做A，但是被干扰去做了C。

这就是为什么习得性无助的人在手机干扰下更难展开行动，因为还没达到能够感受到快乐的阈值，还没来得及看到行动带来的正反馈，注意力就已经被切断并拉走了。

人是最终的目的

个人自由这件事，早已被争辩了无数遍。先贤大德提出的几个振聋发聩的概念，都指向了同一个结论：人是最终的目的。

人是最终的目的，这话是康德说的。说世界上有很多伟大的目标没错，但是再恢宏灿烂，也不能以人为工具。除了人之外，一切皆为手段，人的感受、体验、福祉才是目的。比如开公司，发展商业，都是为了服务于人，让人活得更好。同样，手机被发明生产出来，是为了把手机交给人，不是为了把人交给手机。从生而为人的哲学存在角度出发，每个用户也不是饲养巨头平台的数据。然而当人被视为工具，主体性就必然消失，这就是“牛马”之说的来源。

好的产品，生产方和用户当然要双赢，在推陈出新创造利润的同时，更须确保使用者持续作为“最终目的”而受益。脑损伤与退化绝非人类发展所求。有神经学家扫描了短视频沉迷者的大脑，发现其活跃区与赌博成瘾者高度重合——前额叶持续休眠，伏隔核亮如白昼。成瘾就是让人失去主体性，而失去了主体性，人就不再是目的，甚至失去了在宇宙间为自己找意义的意识和权利。

现代人应该放下手机，重塑神经，构建自己相信的主体性环境。不是因为这样的构建有收益或者显得很精英，而是因为这样是正确的，因为只有这样才能在唯一一次的生命中做自己。

一直刷手机，会让你空虚和难受吗？哪里让你难受，你就从哪里入手，展开一些纯粹的思维活动，研究一些日常小哲学，给自己建立一个基本的世界图景。唯有如此，才能识别刺激和打击，保持始终如一。

在《五种时间》中，我把所有的行为都分成“主动”和“被动”，把“自律”的反义词定为“他律”。在我研究的时间管理领域里，时间管理已经变得空前难了。即便无其他主体性困境，手机仍普遍剥夺了人的主体性：在算法诱导下让渡自我塑造时间，陷入数字他律。

要重新找回主体性，提升专注力，作为时间管理专业人士，我唯一的建议是：必须刻意练习屏幕戒断。对我来说，正在写的这本小书，本身就是我的专注力训练过程，我要想继续塑造自己，我的时间就不能被手机蚕食。

东西方共识显示，现代价值评判已转向主体性实现：不管是伟大还是平凡的一生，一个人只要实现了自我满足，就被认为是一种成功。价值评判体系已经趋向多元化，每个人的自主选择都被尊重。

希望未来，我们的主体性实现道路既不被他者评判和阻拦，也不被手机消耗和占据。

今日练习◎写下 + 具身 + 戒屏

请完成今日“写下”练习，书写内容为：

1. 在第六天的“户外散步”练习中，我看到的印象最深刻的事物是什么？

____

____

____

2. 在完成第六天的“记录吃饭时的手机使用情况”练习后，我有什么发现？

____

____

____

请完成今日“具身”练习：

○ 户外散步 20 分钟以上。

请完成今日“戒屏”练习：

○ 起床后不立即拿起手机，尝试与手机物理隔离尽可能长的时间。记下这个时间，并专心做好晨间例行事项。

第八天

这是我们留在蛰伏区的最后一天。

前面七天，我们已分别练习了写下、具身、戒屏。

写下时，感受专注力的降临与聚拢；具身时，激发积极的激素；戒屏时，夺回对大脑的控制。体验过在一天中叠加三律，或许你已强烈感受到，一切都日新月异；或者由于过往的行为惯性，感受力已变得微弱。但可以肯定的是，只要你在练习这三律，背后的神经生物机制就决定了大脑中一定正在发生积极的变化，你正在成为一个“新”人。

一个新人，已经准备好了做新事。

舒适区的拖延

有一种对于重要但不紧急的事的拖延，我在这本书里概括成资源松懈型拖延，很多人在描述的时候，还会形容成是落在舒适区的拖延。

举个例子：A 说“我有一天一定会写一本书”，这件事对 A 在人生体验和意义上很重要，重要到写进了遗愿清单。但五年、十年过去了，A 并没有开始写这本书。因为对 A 来说，这件事始终是落在“未来”的。如果找原因，可能是时间不充裕，准备工作还没做好，总之还不足以召唤这个“未来”的到来。但 A 会在某天惊觉，十年前那个期许从未开始兑现，想要再次准备着手，发现环境时机和当年的心气已经过去了。于是 A 想着已经这么晚了要不就算了，后来渐渐地就真算了。十年的拖延变成了毕生的从未启动，这本书成了 A 白发苍苍时的遗憾。

像这样的事，如果做到了，是一次重要的人生跃升和圆满体验，但不做又不影响当下的生活质量。这种拖延，到底是不是要改善的拖延呢？

这就要回到一个旧讨论上：要不要离开舒适区？到底什么是舒适区？如果人在一个地方已经不能体验

到发展、进步和改变，这个地方能不能算作舒适区？回答了这些问题，然后才能回答：为了离开这里，是不是要做些改变？如果迟迟没做这些改变，我是不是正在拖延？

要我说，一旦出现了“我要不要离开舒适区”的念头，就说明这个地方一定是哪里已经不舒适了。真舒适的地方，是既有现在又有未来的，因为人性天然会朝向希望。因此，一旦闪现过离开舒适区的念头，就意味着有契机出现，人可以开始做面向未来的事情了；也只有展开这样的行动，才能解除舒适区的焦虑，给自己正在走向未来的暗示。

结论就是，若隐若现的关于要不要走出舒适区的困惑，需要有正在走出去的动作匹配。做不同以往的事，改变旧有秩序，尤其要去启动那些重大而不紧急的项目，让未来的事件现在就到来。

如果你有困守在舒适区的不适感，但你依然没有启动那个未来的行动，那么是的，你就是在拖延。

今日练习◎写下 + 具身 + 戒屏

请仔细描述将要用于启动练习“做事”的那个计划，其中包括：

○ 我的计划将于明日开始，将于何时完成？

○ 我将有怎样的定量完成度，比如多少字、多少千米、多少天？

○ 什么是我这个计划完成的里程碑？

○ 计划完成时，我将和谁一起庆祝？

○ 计划完成时，我的生活将有什么改变？

____

____

○ 计划完成时，我会对自己有什么新的积极解读？

____

____

请完成今日“具身”练习：

○ 户外散步 20 分钟以上。

请完成今日“戒屏”练习：

○ 起床后不看手机，尽量做到与手机物理隔离，专心做好晨间例行事项。

第九天

今天练习第四个招式：做事。

第九天了，才开始进入做事，说明高手也不是立刻就能做事。

高手会内耗，经由内耗再启动做事。但高手不会在同一种内耗上停留太久。

高手也会因为恐惧和疑惑拖延，但高手会反复确认恐惧和疑惑，直到对陌生的恐惧和疑惑感到熟悉。

因为高手在做山洞四律这样的系统准备，在一直训练着自己的调节能力。

在高手自救地图中，做事就是启动最小可行行动。要进入 A 区，这是一个重要的突破。

这个突破是行动上的，更是心理上的。在一天中，你不但可以写下——明确自己的目标，可以具身——让身体储备生命力和能量，可以戒屏——主动拿回大脑控制权，同时还可以启动做事，进入专注实践。这四个行动串联后产生的合力，会对你的身心同时发挥作用，继而共同创造出未来。

在地图上，可以看到通过山洞四律的练习，会产生人生阶段的位移。只要你想，就可以随时让自己挣脱拖延的泥淖，在地平线以上生活。

心安理得 磨磨叽叽

人往往得遭遇特别重大的精神冲击，才会具备力量和过去的自己决裂。我们喜欢杀伐果决的故事，但不会期待那种程度的冲击。绝大多数时候，我们能实现的改变，都是渐进的。用北方话来说，叫作磨磨叽叽的改变。磨磨叽叽的改变，当然也算改变的一种。

但是很多正在磨磨叽叽改变着的人，一对照那些呼喊大干快上的人，就妄自菲薄，嫌弃自己不够好，动作不够迅猛，硬把自己说成拖延症。这样的人本来能保持一个节奏，但在内心不肯接受自己的节奏，因为进度被斗志昂扬者比下去了。什么都没干也就算了，但是明明干了，自己却不认，于是且干且不满意，导致后来心灰意冷以至于停顿，就又把自己盖章成半途而废的人，认准自己就是拖延症了。

尤其是之前这些年，环境中的一些因素使大幅增长的奇迹频发，能效和规模被过度崇拜，连稳健都似乎是不对的——大家都跑的时候，走也是错。回顾起来，慢节奏者经历了很多次洗脑，次数多了，慢节奏者自己心里也慌了——总是被诟病和批判，就会对自己产生怀疑，怀疑不断加重以至于影响行为，也就成习得性无助了。

山洞四律的重要观点是：相比于拖延本身耽误的事和推迟的收获，认为自己有拖延症这一负面判断导致的问题更严重。因为这个判断一出，会耽误更多的事和推迟更多的收获。本来可以心安理得慢慢完成，一旦认为慢是问题，过程就会充斥着焦虑和自我质疑。本来，人生的重点在于想办法增加主观正向体验，体验变了味，慢就成了苦，苦的过程更难结出甜果。

现在大环境变了，跑的人少了，也少有人指点走的人了，是个沉下心来慢慢做事的好时机。好好蛰伏，慢慢想清楚，再做决策，这样才不容易受到外部干扰。

就这样继续走，念念不忘，心安理得，磨磨叽叽。

今日练习◎写下 + 具身 + 戒屏 + 做事

○ 今日增加“做事”练习。

请完成今日“写下”练习，书写内容为：

1. 我将写下关于“做事”的整个计划，我会写得尽量具体，包括起点和完成所需资源、时间。

2. 我将以终为始，倒推拆分整个做事计划，合理安排各个时间节点。

3. 我将写下今天“做事”启动时所需的第一项最小可行行动的具体内容。

4. 我对今日“拉伸训练”任务的感受预期是什么？

____

____

5. 我对今日“做事25分钟”的感受预期是什么？

____

____

请完成今日“具身”练习：

○ 身体拉伸训练。

更细致地使用身体，感受身体的舒展，尤其是放松部分。

请完成今日“戒屏”练习：

○ 起床后不看手机，尽量做到与手机物理隔离，专心做好晨间例行事项。

请完成今日“做事”练习：

○ 专注目标任务，完成第一个25分钟的启动行动。

第十天

到这里，你已经完整地感受过山洞四律。每天的行动组合都在发生变化，相信你的体验也在随之变化。

“写下”会从犹犹豫豫不知道写什么，或者自己觉得写的东西矫情、没必要、自己都不信，渐渐过渡到坦诚地写，务实地写，并感受到“写下”与行动间的紧密联系。甚至当天其他时刻闪现的新思绪，也想写下来。也许你还能感受到，只是想过并不是一连串新行为的起点，写下来才是。“写下”让这个起点非常具体，后面的一切才会随之发生。

“具身”会更明显。最开始是身体的放松和舒展；随着“具身”的深入，身体会感觉轻快，呼吸通畅；再后来，会感觉到身体是在支持着自己，而不是反对自己，身体的存在更明朗了。在练习的第十天，头脑和身体将进入一种合作状态。

在这十天中，“戒屏”的感受会是最新颖的。

在夺回大脑控制权的过程中，你会发现当自己刻意远离手机，时间突然多了出来，专注力竟然是可以马上提高的，对环境和他人的敏感度，也可以立刻提升。戒屏状态下，大脑的其他功能加强了，看周围环境的视线更清晰了，思考能力也随之增强。

最成功、最可持续的戒屏，不是抓心挠肝、恋恋不舍地强忍住不看屏幕，而是更有意思、更能吸引你的事情替代了屏幕。其实，不管是“具身”还是“做事”，都是另一种形式的戒屏，深入到一定程度，我们甚至会忘了屏幕的存在，想不起来去看。

不过在练习山洞四律的初期，还是建议把四律分开，一项一项地进行练习，去体验每一项练习当下的感受和变化。未来，随着练习的深入，戒屏可以和其他更有意思的事情随心转换，融会贯通。

穹顶建筑师

我有过几次严重的拖延，严重到耽误甚至断送了职业发展的可能性。

一次是大学毕业前，正在找工作的我收到了中央九台农业频道的复试通知。他们对我的初试评价是“镜头前姿态昂扬……能体现农作物长势喜人的喜悦感”。当时复试有道选择题，但我迟迟没有准备，直到复试当天也没准备，当然复试就没去。

另一次是研究生刚刚毕业时。当时，我一个开拍卖公司的远房表哥，给我描绘了拍卖行业的前景，鼓励我当拍卖师。我通过了拍卖师资格考试的笔试部分，但考实操时，第一次报价我没反应过来，于是实操没过。按说应该趁热迅速准备第二次实操考试，但我愣是没准备，再也没有去考，于是连笔试成绩也过期了。

还有一次是经营“趁早”的前身——活动策划公司时。那时，经营过程起伏坎坷，一个公关行业的朋友说：你自己做太苦，不如我给你介绍一个人，她正在给自己的公司物色总经理。于是一起吃了个饭，也聊得挺高兴，对方说：很期待你来，给你一个案例，你回去做个方案发给 HR，咱们就继续推进入职。

当然后面我又是严重拖延，这个方案一个月也没动，于是对方招募了其他人做总经理。

这些都是深度联系着人生方向的拖延，而且很明显，我明知道因为我拖延了，这个方向的可能性就会减小甚至消失，但我还是拖延了。

当时的我站在人生的“米”字路口眺望，那些方向似乎都有影影绰绰的新景色，但都没有足够的吸引力让我迈开腿。

因为当时的我还不清楚，我到底想把自己建造成一个什么样的建筑。

乡间小屋有乡间小屋的好，高楼大厦有高楼大厦的好，四合院有四合院的好。想构建什么，就怎么样从头开始筑基砌墙。成长就是给这样的构建积累材料并做出选择。而当时我手里拿到了基础材料，左右端详，发觉按此建造下去，不是我想要的那个建筑。

其实人是会在拖延中思考的：我不做，是不是因为我根本就不想走上这条道路？如果我这样做了，是不是我做得越多，反而距离我的期待越远呢？

人是自己的人生穹顶的建筑师，每一次选择都是在添砖加瓦，而每一次迟疑正如建筑师站在材料面前打量：不，不是这个材料，不是这个质地，因为这实现不了我心目中对那个建筑的预期。

今日练习◎写下 + 具身 + 戒屏 + 做事

请完成今日“写下”练习，书写内容为：

1. 在完成第九天的“拉伸训练”后，我身体上的感受如何？

   ____

   ____

2. 在终于启动了第一天的“做事 25 分钟”任务后，我的感受如何？

   ____

   ____

请完成今日“具身”练习：

○ 拉伸训练。

请完成今日“戒屏”练习：

○ 睡前 1 小时不看手机，尽量做到与手机物理隔离。

请完成今日“做事”练习：

○ 专注目标任务 40 分钟。

第十一天

习得性自助者，不是因为某一件事、某一次偶然感受就能做到持续处于 A 区的。

能够持续攀升，是因为符合了得以持续攀升的规律。

这个攀升规律也许是从某一天某一点的正向感受出发，然后点和点逐渐联系起来，进而开始进入一直正向循环的系统。这是一系列相关动作和连锁反应构建出的系统，其中的关键动作形成了飞轮效应。

开始的时机

对于有挑战的事，就不存在完全准备好的时候。真的完全准备好了，就说明这事没难度。完全胜任，也就不存在什么进阶、升级、跃迁、跨越，只能算在原地重复。不做新事，就无法变成一个新人，也不能验证是否具备了新能力。脑子里想过再多也等于没想，世间种种，论迹不论心。

往往越是精细准备，就越难开始。尤其当人处在收集信息的路上，触及大量前辈大神的信息，很可能会越研究越慌，越学习越绝望——前人都探索到这个份儿上了，难道还缺我这点儿苍白浅显的东西吗？于是自卑感油然而生，心力陡然下降。这是完美主义拖延症患者的典型历程。

人一定是动态成长的。越高密度地吸收学习，就越体会到自己的不足，于是停下来，决定积累积累再开始。这逻辑本身没毛病，但结果却会让人一直不敢开始。想要一个大成果，于是就失去了呈现阶段性小成果的机会。但对个人的成长来说，阶段性小成果本来就极具价值。

也许就算你做了，你的这点成果也会迅速淹没在广袤的世界里，也许世界从来不缺你这点成果。但是在你唯一一次的生命中，你本来可以在这段道路上写下你的名字。其实世界是慷慨的，只要你愿意，随便你结出新的果实。别人已经在做了又怎样呢？果实人人都可以结，别人的收获也不是你的失去。

为了避免完美主义型拖延，我在每段写作期间，是一定要忍住不再继续收集信息和学习的。我想好了，在写作这几万字期间，我知道什么，懂得多少，就交代给这个阶段的自己多少；反正无论怎么写都是有限的，那就让它好歹是有限而真诚的。世界上不缺我这本书，但我自己缺我这本书。对全世界来说，我这点事很渺小，但对我自己来说，它们就是体验的全部。

当一件事开始，它不是因为完美而开始，而是因拥有开始的冲动而开始。如果你还能坐下来，那就深吸一口气，然后开始吧。这过程中不需要有什么完美，只需要激荡的生命力。

今日练习◎写下 + 具身 + 戒屏 + 做事

请完成今日“写下”练习，书写内容为：

1. 我将想象并描述未来进入循环增强阶段的自己。

____

____

2. 我对今日“做事 50 分钟”的感受和完成度预期分别是什么？

____

____

请完成今日“具身”练习：

○ 拉伸训练。

请完成今日“戒屏”练习：

○ 睡前 1 小时不看手机，尽量做到与手机物理隔离。

请完成今日“做事”练习：

○ 专注目标任务50分钟。

第十二天

今天进入“具身”高阶模式。

无论你之前是不是有运动习惯，我都强烈建议你在今天启动体验强烈的“具身”。它看似是身体训练，其实是精神训练。

高手的A区世界中，完成目标任务是一件上瘾好玩的事。从神经生物学角度观察，这对应着一套特殊的大脑电化学系统。整个山洞四律练习，就是在模仿和塑造这个系统。而HIIT（高强度间歇训练）模式，可以让你在当下就体验到高手拥有的感受和信念——高手是完全投入的，高手都有大心脏。

HIIT是一种重复进行高强度训练，且在训练之间设置短暂休息的训练方法。在运动过程中，人会出现心率迅速上升和力竭状态。当这项艰难的运动被完成时，身体会启动“奖励与补偿”机制，分泌大量多巴胺和内啡肽。高手是知晓如何持续获得这种体验的人，他们掌握了多巴胺和内啡肽的生物学机制密码，所以自律对他们来说，不是一件需要苦苦坚持的事。

“具身”高阶模式，就是要模仿和建立高手的本体感受。我们会发现，那些拥有规律健身习惯的人更少拖延。因为在运动过后，人会感到神清气爽，从而对接下来的生活工作充满期待。

低潮期解药

运动是人在低潮时期的优质解药，却不是每一个经历低潮的人都能够用得上，因为运动过程中有疼还有苦。本来是要解决一种苦，结果又要加上另一种苦，这让事情变得更难。

运动可以改变大脑，可以改变大脑中的神经递质，进而帮助人更正向、更快乐，已经是不争的科学事实。甚至只要 15 分钟的单次中等强度有氧运动，就能让人马上感觉精神焕发，心情变好。

但是对于此前没有运动习惯和对运动作用半信半疑的人来说，能够启动单次运动都很不容易。我们常说的内耗，就是需要长时间反复劝说来调动自己做事，即使是像运动这样绝对正确的事。

如果还想增强大脑神经的可塑性，就需要坚持运动数周或数月。只有这样，大脑神经细胞之间的连接才能发生改变。这种神经可塑性的改变有助于获得长期正向的感受。

调动一次心力去开启运动难，长期坚持就更不容易。所以，要想缓解开启运动之后的苦和疼，好办法就是让它更像一个好玩的游戏，更好的办法就是加入那些已经把运动当游戏的人，接受他们的邀请一起玩。玩的次数多了，大脑就开始改变，有一天，你会发现你就是他们中的一员了。到那时候，运动就成为你自我振作、补充能量的优先选择。

大环境肯定是有集体情绪的，但无论什么样的环境，人们在其中都会有提不起兴趣和感觉没有奔头的时候。实际上，兴趣是会起伏的，奔头也会常常变化，但人只要自己能意识到处于低能量的状态并想要调节，就一定会主动寻找调节手段。

可以非常肯定地说，运动是其中次优的调节手段，最优的还是人对人的影响。如果你渴望摆脱低能量的环境，更好的选择是接近高能量的人，听他们如何解释世界，如何创造希望。通常，这类人也同时掌握了用运动调节状态的能力。

今日练习◎写下＋具身＋戒屏＋做事

请完成今日“写下”练习，书写内容为：

1. 在完成第十一天的“做事 50 分钟”任务后，我的感受如何？

____

____

2. 我对今日高强度运动的预期是什么？

____

____

请完成今日“具身”练习：

○ 用 HIIT 模式运动 15 分钟。

请完成今日“戒屏”练习：

○ 睡前 1 小时不看手机，尽量做到与手机物理隔离。

请完成今日“做事”练习：

○ 专注目标任务 60 分钟。

第十三天

高手的终极追寻，是山洞，不是成功。成功是在山洞中修炼带来的结果。

高手在山洞中达到的关键状态是专心致志，经历心流。

《一代宗师》里面的宫二，有句台词这样说：“我爹常说我这种人，唱戏能成名角，出家能做高僧，因为我会迷。”这个“迷”字，就是进入山洞。

很多人和我一样，对心流体验深信不疑。对我来说，好的写作都是在心流中完成的，好的决策都是在心流中做出的，最幸福的时刻也都是在心流中抵达的。在还不知道世界上有“心流”这个专有名词之前，我自己用“上身”这个词来形容那种特别的感受：仿佛有一个更厉害的我或是什么力量，它会在我长时间地沉浸于某事时降临到我的身上，隔绝外面的事物和声音，让我仿佛置身于一个奇特的罩子中；它还会调动我的大脑和双手，让我理解原来无法理解的问题，获得灵感进行新的创造。在那种状态中，我感觉不到时间的流逝，身体也会变得轻盈，漂浮着，就像周围有水流托举着人向前奔涌。

在心流状态中，全身心投入本身就是收获。只要问心无愧地全力走完全程，就已经做完“尽人事”的部分，结果如何此时已不由人控制了。不是结果不重要，而是全身心投入的人能以最坦然的心态接受任何结果。

任何技能的提升和进阶都会在这个既让人兴奋又感到充实的过程中完成，结果将自然呈现。经历心流之后的结果，不论绝对的输赢，必然超越以往。在心流中，毅力不是解决难题的关键，人生也不必苦行。比钢铁般的意志更强大的，是幸福的洪流。

以上，就是高手的山洞。

甄别期待

我们常说不要活在别人的期待里，要活在自己对自己的期待里，但是自己对自己的期待又是从哪里来的呢？

可以说，自己对自己的期待一部分来自先天家庭，一部分来自后天环境，包括读来的、看来的、模仿来的。来源之多，使得我们对自己的期待常常变得复杂。所以，长大成人的一个核心工作其实不是宣告从此不活在别人的期待里，而是分辨种种期待，哪些是适合自己的。

有时候，因为某种期待是别人的，我就故意反其道而行之。你们都说鸡蛋炒西红柿好吃，为了和你们不一样，我就偏不吃。但内心其实是想吃的，只好自己跟自己闹别扭，于是走了弯路。

或者，我们还会看到很多人看上去活出了自我，光彩炫目，甚至成了样本。但我们又如何知道他们是否活在自己的期待里呢？

我们应该活在自己的正向体验和感受里。如果别人对你提出了期待，你一试果然品尝到了快乐和收获，那说明这个期待本身就是你的。当下的感受并不会凭空产生，它来自大脑神经元。是就是，有就有，大脑神经元不说谎。

打个不恰当的比喻，如果你渴望结识人生伴侣，就不必区分伴侣到底是亲戚介绍的还是自己遇见的。如果整个世界是牡蛎，就该任其全然敞开，你最好尽可能多地去浏览，因为浏览得越多，你就越能有新发现。

今日练习◎写下 + 具身 + 戒屏 + 做事

请完成今日“写下”练习，书写内容为：

1. 在完成第十二天的“高强度运动练习”时，我力竭时在想什么？

____

____

2. 我对今日“进食戒屏”的预期是什么？

____

____

请完成今日“具身”练习：

○ 用 HIIT 模式室内徒手健身 15 分钟以上。

请完成今日“戒屏”练习：

○ 尝试做到进食时不看手机，全身心感受咀嚼的过程与食物的味道。

请完成今日“做事”练习：

○ 专注目标任务 75 分钟。

第十四天

纵轴比横轴重要，纵轴才是生命的意义，因为心外无物。

外事外物对人的意义在于人对事物的定义。普通人关注事实结果，高手注重起心动念，高手研习如何引导和调整自己的感受。外在世界终究是由内在显化而来，心中的觉知才是真相。

调整感受、情绪，进入心流，这是改变命运的关键。

论证假设

实际上，我所从事的工作，叫作创业。这种工作确实像修行，因为无论主动被动，都要每天修正自己的行为。

创业的状态和山洞四律强相关，因为创业的动机就直接指向改命。

创业这种工作最大的特点，是听差办事的占比很小。如果按听差办事的程度从 0 到 100 画一条线，创业就很靠近标注 0 的那一端。有时大家分析自己的工作是否需承担风险，会从工作时长、劳累程度或者收益去判断。但我认为，从谁做主谁承担风险的角度，答案会来得更确切。其中核心的区别是，听差办事的员工是论证别人的假设，别人来承担论证不了的风险，摘取假设被论证的果实。

创业之所以让人前赴后继，是因为虽然要经常承担论证不了的风险，但也可以摘取假设被论证的果实。

从这个角度看，创业的本质是自己差遣自己，自己指挥自己办事，这是其中最难的一环。当然后面也要差遣别人，不过在这份工作里，创始人首先要对自己完成说服和统领，后面才有对 3 个人、10 个人、100 个人的动员。

比差遣更难的，是为什么要这么差遣。在发号施令之前，要想清楚发什么号、施什么令，因为每一个决定都在未来标好了价格，这是这份工作最考验人的部分。对于一个职业的创业者来说，思考、做决策、定项目、分任务、执行、承担风险，必须成为其日常工作。相对地，业余的创业者，则是兴之所至时思考，需要时决策，卡顿时搁置，失败时抱怨，推倒后难以重来。

这里面的区别，就像职业作家的时间表。村上春树每天上午无论心情和天气如何，固定推进 4000 字的写作，下午运动，晚上休息和收集信息。写什么和写多少正如思考和决策，是职业作家跳不过去的部分。业余者偶尔实践，有机会可以退守和遁走，而职业者高度熟练，经常稳定输出。写下、具身、戒屏、做事，本身就是创业生活的日常循环。想要创业，就要做一个职业的创业者，对差遣自己高度熟练，对思考和决策稳定输出，常年，每一天。

经年累月，对很多创业人士来说，山洞四律会成为天然恪守的信条：日常写下计划与梦想，日常保持好体力，日常深入专注，日常做事，以求论证假设，去摘取那胜利果实。

今日练习◎写下 + 具身 + 戒屏 + 做事

请完成今日“写下”练习，书写内容为：

1. 在完成第十三天的“做事 75 分钟”任务后，我的感受如何？

____

____

2. 我对今日再次达成“做事 75 分钟”的预期是什么？

____

____

请完成今日“具身”练习：

○ 用 HIIT 模式运动 15 分钟以上。

请完成今日“戒屏”练习：

○ 一天所有进食过程中均不看手机，全身心体验咀嚼过程和食物的味道。

请完成今日“做事”练习：

○ 专注目标任务 75 分钟。

第十五天

请观想 C 区的人和 A 区的人在面对任务压力时的感受，尝试把自己带入描述的状态。

假设你在 C 区，三周后要交出一份重要的文档。

于是你给自己制订了一个计划：每天写 2 个小时，三周之后写完。目前时间看起来非常充足，你决定先去做点其他的事情。

转眼间一周过去，你拿出计划表，发现每天要写 3 个小时才能写完了。时间稍微有点紧张，你开始怀疑自己：和最初的计划不一样了！我还能完成吗？

转眼又一周过去，你决定明天就开始写，每天写 6 个小时。但是第二天，你的时间被其他的事情占用。现在时间只剩下 3 天，非常紧急，你终于开始写了。你关闭了微信，飞快敲击键盘，匆匆忙忙终于完成。

你以为最后 3 天才是你为这项任务付出的时间，但实际上，前面纠结和焦虑的十几天，你也为这项任务付出了情绪劳动。你真正用在这件事上的，不是三天，而是全部的三周。

再假设你是A区高手，面对任务压力时，你的想法会全然不同。

A区的你拿到任务的想法会是：好的，这个就是我接下来的任务，我会找到最合适的完成方法。因为我总是会按期高质量完成。

当A区的你遇到阻碍或者时间表被打破，你会想：时间表果然就是用来打破和重建的，好的，我现在开始重建，重建的时间表依然是最适合我的，反正我总是会完成任务的。

当任务完成了一部分的时候，A区的你会想：我很不错，我已经在推进中了。

当任务接近完成的时候，A区的你会想：不愧是我，我又要完成了！

高手的脑回路

我常常想，不是我发现了山洞四律，而是它从我的生活经验中被筛选了出来。有一天，我意识到所有强弱的区别最终都是大脑的区别，这是一个精神世界，所有训练皆为精神训练。

自助，常怀信念，积极解读，通过运动获得实际的力气，在具体的事物上耕耘——这些全都是精神训练，是成为高手唯一能走通的道路。同时，除了我自己，没有人真正有职责训练我的精神。为了达到这样的精神状态，我必须把反面一一抛弃，必须成为自助者。

无助者，就是还没意识到自己要由自己来帮，或者说，一直在等着环境和他人来解决自己的问题。

自助者，则是始终在争取自救，始终在研究如何让自己帮到自己，包括如何调整情绪，启动和推进行动。

大脑不同，精神就不同。身处相似的环境，面对相似的挑战，无助者和自助者会有截然不同的反应。

相似的环境和挑战，在无助者和自助者的大脑中，触发的是不一样的意识和结果。我们所有的练习，都是为了形成自助者的脑回路，让自己拥有自助者的思维和行动。当练习达到一定的次数，经历了足够多的正循环，我们就建构出了新模式，新模式本质上就是新的脑回路。从这个角度来说，人与人之间的竞争，在于看谁能建立起更好的神经网络。

山洞四律就是让你通过日常练习，让每种行动都成为触发建立新模式的按钮。四种练习也各有各的作用和能量，能从不同的角度添砖加瓦，即使你只练习了其中的一种，也能够感受到变化在脑内确切发生。而当它们在你身上叠加的时候，你就复刻了习得性自助者人生的某一天。

高手都有着自己的道。也许随着写下、具身、戒屏和做事练习的推进，你也会形成自己明显的特质——你也会形成自己的道。你会明了于心，当需要的时候，如何遁入山洞，变身为高手。

练习的过程，就是先去效仿高手这一系列的思想、信念和行动。只有当你也这么想，也这么说，也这么写，也这么调动身体，也这么隔绝干扰，也这么向目标前进的时候，完整的脑回路才会形成。当这一套动作一遍遍地循环，新的神经脑回路就会被训练出来。

这是一个精神世界，所有训练皆为精神训练。强者都是脑子强，随之运气也好。运气总是站在习得性自助者这一边，因为自助者天助。

今日练习◎写下＋具身＋戒屏＋做事

请完成今日“写下”练习，书写内容为：

○ 请尽量细致地描述山洞四律带来的“本体感受”。

____

____

请完成今日“具身”练习：

○ 用 HIIT 模式运动。

请完成今日“戒屏”练习：

○ 早起后一小时不看手机。

○ 吃饭时不看手机，全身心享受食物的味道。

○ 睡前一小时不看手机。

请完成今日“做事”练习：

○ 专注目标任务 100 分钟。

第十六天

今天是十六天练习的最后一天。

为了理解和适应这个世界，拥有主见，不摇摆，不内耗，人人都渴望建立自己的系统。我们这一趟练习旅程的重要目的，不是学习散碎的知识和观点，而是掌握背后的系统。

针对不同的问题，世界有多种解释系统。使用新的解释系统来看待自己和他人，能够跳出自己原来的认知锚点，知道这个世界上都有谁，在通过什么方式活着。其实我们这十六天来，都在拆解 A 区人的思考和行为方式，来体验 A 区人怎么活，目的是让自己进化到 A 区。同时，真正地理解他人，需要从理解他人的系统开始。

未来，我们再看到躺平但自洽自得的人，看到实现了很多但还是充满焦虑的人，我们也会知道他们正处于模型的哪个区域。如果遇到需要帮助的亲友，我们还能够依据模型给他们提供有效建议。

高手自救模型和山洞四律的最大价值是告诉我们自己，思维和行动系统是可塑的，人人都可以从 C 区到 A 区，进入人生的第二个阶段。但不是每个人都天然有第二阶段，如果不亲手重建，也可能终生停留在第一个阶段。

现在，如果你听到一个人说“我有一个计划，我要开始行动，我可以亲手重建我的未来”，或者听到另一个人说“对于未来我没有任何计划，因为我改变不了未来”，你就能够重新理解他们各自所处的阶段和状态。希望你可以把模型分享给他们，帮助他们理解旧系统和创建新系统。理解了旧系统，就能理解别人，也能接纳自己。创建了新系统，就能学习别人，也能塑造自己。

玩家心态

我们经历了这十六天，就可以尝试用一种新心态去面对生活。这种心态，叫作玩家心态。

这个世界真正给玩家的所有奖励，都在人大脑的感受之中。脑科学研究早已表明，有关奖励的神经递质主要有六种，分别是多巴胺、内啡肽、内源性大麻素、去甲肾上腺素、血清素、催产素。在不同的场景和行为信号的刺激下，大脑会对应分泌各种不同的激素。当我们的感官接收到了关于亲密、夸赞、胜利、财富等的信号，这些神经递质就会被分泌出来，像在原本平静的大脑中放起烟花。根据刺激信号的不同，让人快乐的激素还会有不同的浓度和排列组合。当六种荷尔蒙同时分泌时，人便能产生最高幸福感。我们的山洞四律，就是要让人获得来自大脑的奖励，是迎接幸福的预备动作和进入幸福人生的钥匙。

这个世界所有的奖励物看似以实体呈现，但本质上皆为大脑电化学奖励物。实物的好也并不因为实物的存在，而是因为它带给你的主观感受。凡是能在你脑中“放烟花”的皆为奖励，奖励并不都是实物。

整个世界就是这样被设计而成的，通过向人脑分配这些奖励物质，而让人连续不断地展开行动。

体现在习得性自助模型上，就是在从 C 往 A 的道路上，大脑电化学奖励物越来越多，越来越频繁。而在最小可行行动还没发生的蛰伏区，我们实际上是在通过山洞四律的前三律写下、具身和戒屏，来重启大脑的奖励机制。已经很久没有体验到类似正向奖励的人，可以通过重拾行动，让大脑内的奖励再次发生，从而为真正做事，也就是展开行动做好准备。

那么，如果整个世界是一个靠大脑奖励物驱动的游戏的话，那些从学习和工作中都能获取到奖励物质的人，会成为更擅长这个游戏的玩家。更擅长就会心情更好，升级更快，获得更多奖励。

由此，获得奖励的人看起来就像在自我驱动。而这些找到了方法让工作或学习成为大脑奖励来源的人，就是世俗的成功者。

从这个角度，我们再来看一次拖延症。当你没能把一件事当成你获得大脑奖励的来源，就只能在这件事中煎熬；而把这件事当成奖励来源的玩家，就能兴致勃勃地完成这件事。这里也可以解释习得性无助和习得性自助的区别：前者因为持续得不到奖励，不再相信自己可以得到奖励，于是停止了行动；后者因为经常可以得到奖励，而获得了行动上的自驱，更重要的是，具备了自己只要行动，就能得到奖励的信念。

那些站在习得性自助者的攀升线顶端的高手，就是充分探索了游戏全场景的人，他们在游戏中不断获得奖励和升级，活成了自己的最高版本。

在山洞四律练习的最后一天，我要祝贺你，你已经准备好做一个现代都市的修行者了。过去的修行者，深居简出，而我们作为现在的都市修行者，为了能够专注打自己想打的人生大游戏，要经常修行，要刻意训练，从而重塑大脑，把控制大脑的行动手柄掌握在自己手中。

从这个角度理解，你是谁呢？你是一个自我控制的玩家，你是大脑控制权的修行者，你要从时间表的打破和重塑、目标的梳理和制定中，源源不断地得到大脑的奖励。如果你每次都还是痛苦而无奈地研究时间表，烦躁于打破和重建，你就无法成为真正的玩家。

未来属于敢于重建新系统的人。

未来属于找到并进入游戏的人。

未来属于大脑控制权还在自己手中的人。

祝愿你：

一、创建新系统。

二、成为玩家。

三、修行专注力，夺回大脑控制权。

今日练习◎写下+具身+戒屏+做事

请完成今日“写下”练习，书写内容为：

1. 十六天的练习中，让我印象最深刻的感受发生在哪一天？发生了什么？

2. 山洞四律中的哪一律是让我体会最深刻的？

3. 和十六天之前相比，我认为我最大的变化发生在何处？

4. 我感到整体情绪的提振发生在哪一天的哪个时刻？

5. 我预感，我会把山洞四律中的哪一律或哪几律持久地执行下去？

____

____

请完成今日“具身”练习：

○ 用 HIIT 模式室内徒手健身。

请完成今日“戒屏”练习：

○ 早起后、入睡前、进食中都不看手机，全身心体验生活的细节。

请完成今日“做事”练习：

○ 专注目标任务 3 小时。

后记 顺天才能改命

对于拖延症，我属于久病成医。

在我成年后的近三十年中，单写书这件事就反复发生了若干次，其间还有考研、健身、创业、育儿等大事，哪个都需要立刻开始，并持续专注才能完成。

我给自己的拖延症找到的原因也花样繁多：没睡好，没精神；身体不舒服，累；急事太多排不开；环境太乱，别人总是干扰我；这件事还没准备好。

但其实，最具有摧毁性的原因是以下这两个：

一、近二十年来移动互联网技术突飞猛进，社交媒体和短视频致瘾能力增强，让拖延症越发严重。尤其像我，作为一个博主，既要看手机，又不能总看手机，在拿起和放下之间，控制时长和边界就很折磨人。

二、目标模糊。今天想做成一件事，明天又感到这事似乎不重要，没那么想做，不做也可以。后天又觉得还是做吧，很有价值。大后天再次气馁。这种目标迷失是持续行动的大杀器。

但无论是哪种原因，本质就是当下不行动比行动舒适，停掉比继续舒适，身体舒适，大脑也舒适，趋利避害，所以选择了不行动。

我之所以爱看自传，一是因为爱看厉害的人处于逆境的时候是怎么想的，二是因为想研究他们终于奋起的时候是有什么契机，很想进入那些说起床就起床、说健身就健身、说学习就学习的人的大脑，看看他们到底都是怎么想的，之后又是怎么做的。

为了成为高手，我提炼归纳了写下、具身、戒屏、做事这山洞四律，并且按此自我训练了很久。没有一觉醒来就立竿见影的效果，有的是持续训练或者说修行带来的改变。这不是一个或几个小妙招，而是一个由浅入深的渐进体系。这个体系非常清晰。

远离拖延症本质上是一种大脑训练，因为不拖延的强者归根结底是脑子强。但脑子是可塑的，可以后天人为干预，可以由弱练到强。练的过程也并不是上来就硬要做事，酝酿等待和体验的过程，也是训练中非常有效的一部分。

放眼望去，有能力在需要的时期做到“反人性”的人基本都过得很好，因为“反人性”就意味着摆脱了旧循环的束缚限制。所谓逆天改命，逆的也从来都不是天，而是弱脑的本能。把弱脑练成强脑，强脑其实在顺天。天一定会要你强，不会要你弱，顺天才能改命。

山洞四律

作者 _ 王潇

编辑 _ 刘洪胜　　装帧设计 _ 孙莹　　主管 _ 黄圆苑
技术编辑 _ 丁占旭　　执行印制 _ 刘淼　　出品人 _ 李静

物料设计 _ 孙莹　　营销团队 _ 闫冠宇 刘冰

果麦
www.goldmye.com

以 微 小 的 力 量 推 动 文 明

图书在版编目（CIP）数据

山洞四律 / 王潇著 . -- 杭州 : 浙江文艺出版社，2025. 9. -- ISBN 978-7-5339-8104-4

Ⅰ . B848.4-49

中国国家版本馆 CIP 数据核字第 2025MZ3698 号

责任编辑：於国娟
装帧设计：孙　莹

山洞四律

王潇 著

出版发行　浙江文艺出版社
地　　址　杭州市环城北路 177 号　　邮编 310003
经　　销　浙江省新华书店集团有限公司
　　　　　果麦文化传媒股份有限公司
印　　刷　北京世纪恒宇印刷有限公司
开　　本　787 毫米 ×1090 毫米　1/32
字　　数　77 千字
印　　张　5.5
印　　数　1—28, 000
版　　次　2025 年 9 月第 1 版
印　　次　2025 年 9 月第 1 次印刷
书　　号　ISBN 978-7-5339-8104-4
定　　价　45.00 元

《山洞四律》

配套表单

拖延症自我诊断表

本问卷旨在帮助您识别自己可能存在的拖延类型，包括结构性拖延、完美主义型拖延、资源松懈型拖延和习惯性拖延。请根据以下指引，诚实地回答每个问题，从而更深入地了解自己。每个描述后有“是”或“否”两个选项。选“是”，计1分；选“否”，不计分。

#计分与结果解读

每个类型得分计算：在每种拖延类型对应的五个问题中，统计你回答“是”的数量，每个“是”计1分，总分为0–5分。

· 高倾向：4–5分，表明你明显受该种拖延类型的困扰，需要高度关注并积极采取改善措施。
· 中倾向：2–3分，表明有一定倾向，可参考相关建议进行调整。
· 低倾向：0–1分，表明你在此方面的倾向较弱，继续保持并可适当留意。

若得分集中在某一类型，则主要受该类型拖延影响；若多个类型得分较高（4–5分），则表明存在复合型拖延症状，需综合运用多种改善策略。

通过本问卷的自我诊断，希望你能更清楚地认识自己的拖延类型，并据此采取行动逐步改善，提升生活和工作效率。改变需要时间，耐心和理解自己是关键。

#结构性拖延

1.当面对一项需要深度专注的大任务时，你是否倾向于先完成一些小任务来缓解紧张情绪？

○是　○否

2.在重要任务前，你是否更愿意优先处理简单的事情，以此推迟开始？

○是　○否

3.你是否常因大任务的压力，而选择先做其他无关但容易完成的小事？

○是　○否

4.完成小任务是否让你觉得自己在进步，即使这些任务与主要目标无关？

○是　○否

5.你觉得自己的拖延是否在一定程度上帮助了你缓解紧迫感，适应挑战？

○是　○否

#完美主义型拖延

1.在开始任务前，你是否因担心无法达到完美结果而拖延？

○是 ○否

2.你是否觉得必须百分百准备好才能开始任务？

○是 ○否

3.当对任务结果不确定时，你更倾向于推迟行动直到有明确答案？

○是 ○否

4.你是否害怕犯错，因此选择不做以避免错误？

○是 ○否

5.你的拖延是否更多源于对失败和不确定结果的恐惧，而非任务本身？

○是 ○否

#资源松懈型拖延

1.当资源充足时，你是否觉得时间充裕，因而推迟重要但不紧急的任务？

○是 ○否

2.你是否常因缺乏紧迫感而拖延，直到资源变得稀缺？

○是 ○否

3.在资源充足的情况下，你是否难以找到动力去开始一项任务？

○是 ○否

4.你是否因为觉得“随时可以做”而推迟了重要事项？

○是 ○否

5.你是否意识到资源松懈导致的拖延可能会影响未来的机会？

○是 ○否

#习惯性拖延

1.你是否已经习惯拖延，以至于它成为一种固定的行为模式?

◯是　◯否

2.你是否因为过去的拖延经历，逐渐失去了完成任务的信念?

◯是　◯否

3.你是否发现拖延已经影响了你的日常生活和目标实现?

◯是　◯否

4.你是否尝试过改变拖延习惯，但发现很难坚持?

◯是　◯否

5.你的拖延是否让你感到自我怀疑，进而进一步陷入拖延循环?

◯是　◯否

你的拖延症类型是:

◯结构性拖延　◯完美主义型拖延　◯资源松懈型拖延　◯习惯性拖延

高手自救地图

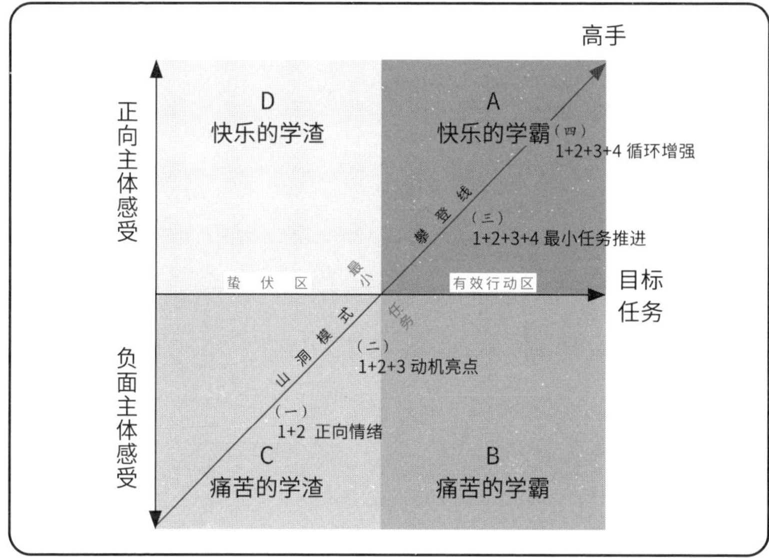

以下问卷希望能帮助你深入了解自己在任务完成和主体感受两个维度上的表现，横纵轴组成的地图中，你可以找到自己所对应的位置。

#计分规则

· 每题1–5分，“完全不符合”为1分，“不太符合”为2分，“不太确定”为3分，“比较符合”为4分，“完全符合”为5分。

· 任务完成维度总分：10题分数相加。

· 主体感受维度总分：10题分数相加。

#分类标准

· 快乐的学霸：任务完成总分≥35，主体感受总分≥35。

· 痛苦的学霸：任务完成总分≥35，主体感受总分<35。

· 快乐的学渣：任务完成总分<35，主体感受总分≥35。

· 痛苦的学渣：任务完成总分<35，主体感受总分<35。

#任务完成维度（10题）

1. 我能快速开始任务。

◯ 完全不符合 ◯ 不太符合 ◯ 不太确定 ◯ 比较符合 ◯ 完全符合

2. 我通常能按计划完成任务。

◯ 完全不符合 ◯ 不太符合 ◯ 不太确定 ◯ 比较符合 ◯ 完全符合

3. 我会推进长期任务的阶段性目标。

◯ 完全不符合 ◯ 不太符合 ◯ 不太确定 ◯ 比较符合 ◯ 完全符合

4. 我善于将复杂任务分解为逐步完成的小步骤。

◯ 完全不符合 ◯ 不太符合 ◯ 不太确定 ◯ 比较符合 ◯ 完全符合

5. 遇到困难时，我能保持任务推进。

◯ 完全不符合 ◯ 不太符合 ◯ 不太确定 ◯ 比较符合 ◯ 完全符合

6. 我能在截止日期前完成任务。

◯ 完全不符合 ◯ 不太符合 ◯ 不太确定 ◯ 比较符合 ◯ 完全符合

7. 面对难度，我能迅速投入行动。

◯ 完全不符合 ◯ 不太符合 ◯ 不太确定 ◯ 比较符合 ◯ 完全符合

8. 即使任务被中断，我也能重新调整并继续完成。

◯ 完全不符合 ◯ 不太符合 ◯ 不太确定 ◯ 比较符合 ◯ 完全符合

9. 完成任务后，我常总结反思以提升效率。

◯ 完全不符合 ◯ 不太符合 ◯ 不太确定 ◯ 比较符合 ◯ 完全符合

10. 我会从完成的任务中提炼经验，优化未来表现。

◯ 完全不符合 ◯ 不太符合 ◯ 不太确定 ◯ 比较符合 ◯ 完全符合

你的任务完成维度得分是：

#主体感受维度（10题）

1. 启动任务时，我动力十足。

◯ 完全不符合 ◯ 不太符合 ◯ 不太确定 ◯ 比较符合 ◯ 完全符合

2. 任务中途遇困时，我能冷静应对并坚持下去。

◯ 完全不符合 ◯ 不太符合 ◯ 不太确定 ◯ 比较符合 ◯ 完全符合

3. 完成任务后，我感到满足和有成就感。

◯ 完全不符合 ◯ 不太符合 ◯ 不太确定 ◯ 比较符合 ◯ 完全符合

4. 进展不顺时，我依然能保持积极心态努力克服困难。

◯ 完全不符合 ◯ 不太符合 ◯ 不太确定 ◯ 比较符合 ◯ 完全符合

5. 未完成任务时，我不会被强烈的负罪感困扰，能够合理面对并继续努力。

◯ 完全不符合 ◯ 不太符合 ◯ 不太确定 ◯ 比较符合 ◯ 完全符合

6. 我能在任务中途保持精力充沛，不轻易放弃。

◯ 完全不符合 ◯ 不太符合 ◯ 不太确定 ◯ 比较符合 ◯ 完全符合

7. 我可以坦然接受未完成任务的结果，并从中吸取经验教训。

◯ 完全不符合 ◯ 不太符合 ◯ 不太确定 ◯ 比较符合 ◯ 完全符合

8. 启动任务时，我总是怀着愉快自信的心态。

◯ 完全不符合 ◯ 不太符合 ◯ 不太确定 ◯ 比较符合 ◯ 完全符合

9. 完成任务后，我有强烈的成就感和自豪感。

◯ 完全不符合 ◯ 不太符合 ◯ 不太确定 ◯ 比较符合 ◯ 完全符合

10. 即使任务中途停滞，我也不会感到沮丧，而是积极寻找解决办法。

◯ 完全不符合 ◯ 不太符合 ◯ 不太确定 ◯ 比较符合 ◯ 完全符合

你的主体感受维度得分是：

写下

“写下”是将稍纵即逝的思绪通过书写整理到纸面的过程。当你看到本页时，请在下方空白处记录下一个一闪而过的念头，并将其转化为今天的行动，体验捕捉灵感、梳理写下并付诸实践的全过程。

#记录起心动念

#转化为行动的计划

具身

本页用于“具身”练习，引导你由浅入深体验身体与思维的联动。具身练习有三种形式：高能量姿势、舒展拉伸和提高心率的运动。我们从简单的高能量姿势开始。

当你阅读至此，请起立，做三分钟的伸展扩胸练习。

伸展扩胸：双手向侧平举，与肩同高，手臂伸直，掌心向上，然后手臂向后画圆，扩胸挺背，感受胸部的舒展和肩部的伸展。同时，进行深呼吸，吸气时感受胸部的扩张，呼气时感受身体的放松。感受身体舒展带来的变化，留意大脑感知的不同。当你进行伸展扩胸和深呼吸时，你的身体将感受到舒展，胸部和肩部的肌肉被温和唤醒，整个人将变得轻松而富有活力。大脑也会逐渐从紧绷的状态中释放出来，变得松弛而专注。

#感受记录

戒屏

我们相信未来世界的分野在于谁能够戒除对手机的瘾，在于谁还能继续保有专注力。

当你翻到这一页，你可以尝试从这一刻开始，在接下来的25分钟内，不看手机，不看任何电子屏幕。你可以去阅读一本书，完成写下、具身或其他不需要借助手机上的信息就可以完成的事项，来体验心无旁骛的感觉。

#接下来25分钟，我将不看手机，而是全神贯注于

做事

这里所说的事应该是指向你长期计划的一件事，这件事情可能是一个要经过长期努力和沉积才能完成的具体项目。

你可以按照以下步骤来开启行动：

#第一步：请将你的长期目标和计划写下来。

目标与计划 ______________________________

____

#第二步：写下完成这件事情所需的时间、资源和信息。

所需时间 ______________________________

所需资源 ______________________________

____

____

所需信息 ______________________________

____

____

#如果你已经完成以上内容的填写，那么这一天就是你启动计划的第一天，就是现在。

____

____

果麦
GOLDMYE